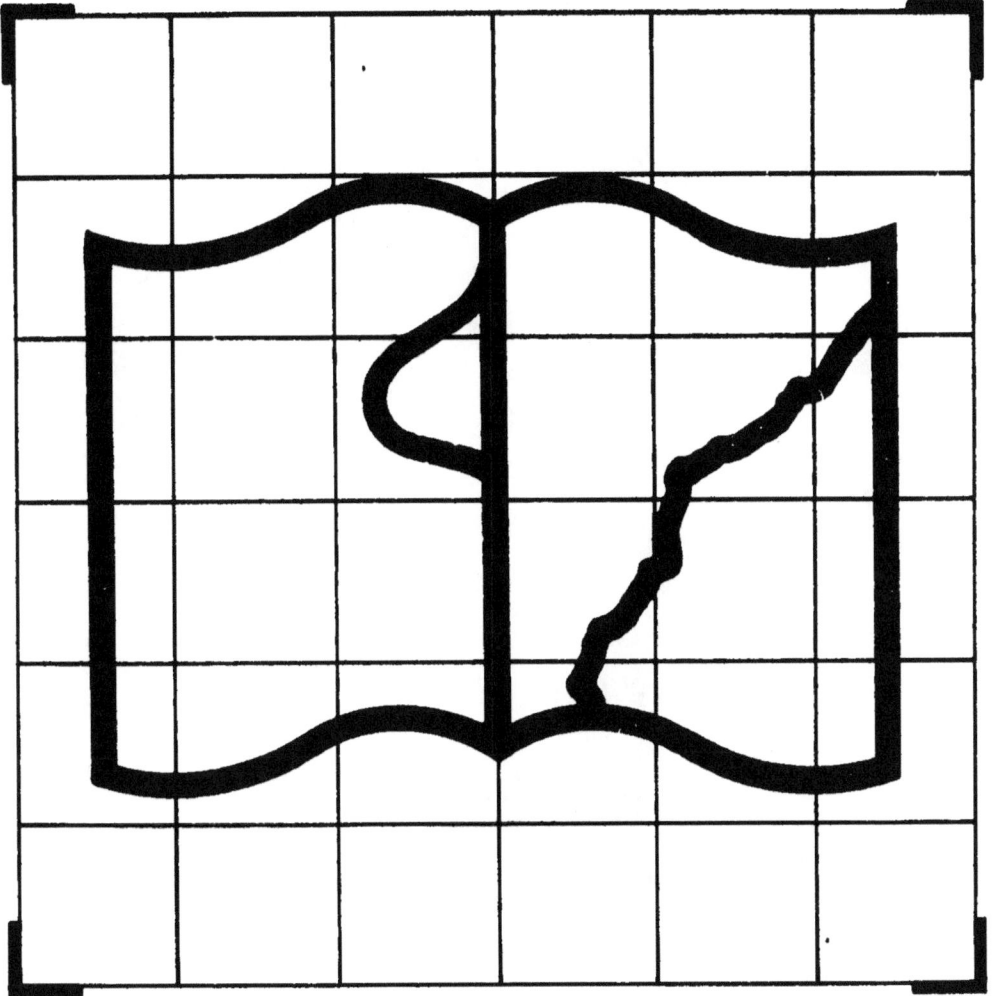

LA VÉRITÉ

SUR

L'HYPNOTISME

PAR

A. LELONG

CHANOINE HONORAIRE D'ORLÉANS

EXTRAIT DES *ANNALES DE PHILOSOPHIE CHRÉTIENNE*

PARIS

A. ROGER ET F. CHERNOVIZ, ÉDITEURS

7, RUE DES GRANDS-AUGUSTINS, 7.

1890

LA VÉRITÉ

sur

L'HYPNOTISME

LA VÉRITÉ

SUR

L'HYPNOTISME

PAR

A. LELONG

CHANOINE HONORAIRE D'ORLÉANS

———

EXTRAIT DES *ANNALES DE PHILOSOPHIE CHRÉTIENNE*

———

PARIS

A. ROGER ET F. CHERNOVIZ, ÉDITEURS

7, RUE DES GRANDS-AUGUSTINS, 7.

—

1890

LA VÉRITÉ SUR L'HYPNOTISME

L'*hypnotisme* occupe beaucoup les esprits aujourd'hui. Il est, on peut le dire, véritablement à la mode : la science expérimente ses etranges phénomènes, et la presse, avide de nouveautés, surtout de nouveautes merveilleuses, s'en est constituée le propagateur obséquieux et empresse.

Chose étonnante ! la science medicale, après l'avoir si longtemps combattu, anathematisé, conspué, sous le titre de *magnétisme*, l'accepte, sous son nouveau titre, comme indiscutable verite. Elle le confisque, en quelque sorte, comme propriété patrimoniale, s'en montre l'ardent défenseur et revendique pour elle seule le droit de prononcer en dernier ressort sur sa valeur. A entendre les plus savants docteurs, les jugements qu'elle prononce, fondés sur des faits patents, sur des expériences decisives, sont sans appel. Le public, soit qu'il n'attache que peu d'importance à la solution du problème, soit qu'il ait une confiance illimitée et aveugle dans les lumières de nos modernes Hippocrates, abandonne à leur habileté l'examen de la mysterieuse question, disposé à accepter comme autant d'oracles les arrêts qu'il leur plaira de prononcer. Telle est, je crois, l'explication de cette apparente indifférence, en dehors des cliniques de la Salpètrière et de Nancy, où règnent, en souverains absolus, les docteurs Charcot et Bernheim.

Le problème cependant est important. Envisagé, et surtout resolu, au point de vue où se placent les deux éminents praticiens, il est d'une gravité extrème : ils s'en servent pour attaquer la religion, pour detruire la croyance au surnaturel. Il est donc utile d'etudier les phenomènes d'hypnose préconisés par eux, afin de savoir ce qu'ils ont de fondé, et quelle est la valeur des déductions qu'eux et leurs disciples pretendent en tirer.

C'est le but que nous nous proposons en entreprenant cette étude.

I

I. — L'*hypnotisme*, comme son nom l'indique, est un sommeil véritable[1].

Il y a deux sortes de *sommeil*: le *naturel* et l'*artificiel*. Le premier est celui de la nature, le repos qu'elle procure périodiquement à l'homme, et qui est un immense bienfait. Le second se produit par des moyens artificiels, c'est l'*hypnose*. Le Dr Ferrand, dans son opuscule sur les suggestions[2], le définit : « Un état du système nerveux en tout comparable au sommeil »; c'est, en d'autres termes, ajoute-t-il, « une sorte de sommeil provoqué et incomplet ».

Pour plus de clarté, et pour mieux le distinguer encore de tout sommeil provoque, on pourrait le définir : « Un sommeil artificiel imposé par des moyens speciaux. » Il n'est pas seulement, en effet, déterminé par la nature, comme le sommeil ordinaire, ou produit par des narcotiques ; mais il est reellement imposé au sujet, le plus souvent par une volonté étrangère.

Cette definition concerne le phénomène uniquement au point de vue du sommeil. Considéré dans son effet le plus immédiat, il est un etat pathologique, une maladie. C'est la remarque judicieuse du R. P. Franco, jésuite italien, faite d'après les hypnotistes de haute reputation[3]. Tous en effet acceptent cette définition : « Une névrose ou maladie nerveuse d'un genre particulier. » Braid, le fondateur de l'hypnotisme, la transcrit au frontispice de son traité sur ce sujet[4]: « C'est, dit-il, un état particulier du système ner-

---

1. Ce mot vient du grec ὕπνος, sommeil.

2. Dr Ferrand, *Des suggestions dans l'hypnose*, n° V, p. 11; — *Annales de février, mars, mai et juin* 1885.

3. Franco, *L'hypnotisme revenu à la mode*, n° XVIII, p. 97 et suiv.

4. Braid, *Traité du sommeil ou hypnotisme*, p. 18. — Cullerre, *Magnétisme et hypnotisme*, p. 281.

veux déterminé par des moyens spéciaux. » Le D' Charcot, chef actuel des hypnotisants, l'appelle une *névrose* expérimentale[1]. Le D' Dumontpallier et le D' Magnin ajoutent à cette définition les mots : « à divers degrés », et la formulent ainsi : « Une névrose expérimentale à divers degrés, en tenant compte des différentes phases plus ou moins accentuées par lesquelles on fait passer le sujet[2]. » Le D' Richet parle dans le même sens ; fondant toutes ces nuances en une seule formule, il écrit : « C'est une perturbation artificielle produite dans les fonctions normales du système nerveux, une vraie névrose. » Il ajoute ailleurs : « Avec trois ou quatre degres : de léthargie, de catalepsie, d'état suggestif, et enfin de somnambulisme[3]. » Enfin, le D' Hoffman résume toutes ces données par ces trois mots : « Un état névropathique ».

Aux yeux de tous, la vertu somnifère disparaît pour faire place à une véritable maladie nerveuse, que l'hypnotiseur produit ou fait cesser à volonté ; mais en réunissant les deux effets, on a une idée complète du phénomène : « Un sommeil artificiel nevropathique ».

II. — On provoque ce sommeil ou cet état morbide par des pratiques déterminées, spéciales, comme parlent nos savants. Ces pratiques sont très variees[4]; même chaque opérateur a sa méthode, ses moyens propres. D'abord, on faisait des passes et des attouchements, à la manière des anciens magnétiseurs. Aujourd'hui même, le D' Bernheim, de la Faculté de Nancy, a encore recours à ces procédés, ainsi qu'il le rapporte dans son opuscule sur la suggestion[5] : « Chez d'autres, écrit-il, j'ajoute le geste ; peu importe la nature du geste. Je place deux doigts de la main droite devant les yeux de la personne, et je l'invite à les fixer ; ou, avec les deux mains, je passe plusieurs fois de haut en bas devant les yeux, et le sommeil vient. » M. Richet et les

1. Charcot, *Rapport à l'Académie*, 1882.
2. Cullerre, *Ibid.*, p. 282.
3. Paul Richet, *Études cliniques de la grande hystérie*, p. 507.
4. Ribet, *La mystique divine*, tome III, chap. XXXV, nos 8 et 9.
5. Bernheim, *La suggestion*, chap. I, p. 5, 1re éd.

autres, à la Salpêtrière, au témoignage de M. l'abbé Méric, qui a suivi leurs expériences, endorment encore leurs sujets par ces passes magnétiques[1].

D'autres fois, ils ont recours à des procédés particuliers adaptés au genre de maladie en présence de laquelle ils se trouvent: la grande hystérie. C'est, par exemple, l'excitation brusque, violente, de la vue par l'éclatante lumière du soleil, par l'incandescence subite d'une lampe au magnésium, d'une lampe électrique; l'excitation inopinée de l'ouïe par un coup de tam-tam ou de gong chinois, par une forte vibration d'un instrument en cuivre; l'excitation du toucher par une légère friction sur certaines parties du corps, au-dessus du front, à la racine des pouces, dans le voisinage des articulations. Ces parties, designées sous le nom d'*hypnogènes*, ni ne sont toujours les mêmes ni n'existent chez tous les sujets.

Le plus ordinairement on emploie le commandement; et il suffit, surtout envers les sujets déjà hypnotisés: « Endormez-vous, je veux que vous dormiez, dormez[2]. » M. Bernheim joint la suggestion au commandement. Il est persuadé que c'est elle qui détermine le sommeil. « Je dis: Vos paupières se ferment, sont collées, vous ne pouvez plus les ouvrir; le besoin de dormir se fait sentir; vous ne pouvez plus résister; dormez, — et il est rare que quatre à cinq minutes passent sans que le sommeil soit obtenu. C'est le sommeil par suggestion, c'est l'image du sommeil que je suggère, que j'insinue dans le cerveau[3]. » Le P. Franco cite un moyen plus expéditif encore, l'*insufflation*. En 1840, un Français surpassa tous les expérimentateurs d'alors; il hypnotisait par un simple souffle[4].

Ces moyens extérieurs et visibles ne sont pas toujours nécessaires. Dans certaines circonstances, la volonté, la fixité du regard, même à l'insu des hypnotisés, suffisent[5].

1. Méric. *Le merveilleux et la science*, liv. I, c. V, n° 6, p. 159.
2. Bernheim, *loc. cit.* p. 7.
3. *Ibid.*, p. 3.
4. Franco, *loc. cit.* n° 20, p. 114; — Méric, *loc. cit.* p. 63-78.
5. Ribet, *loc. cit.* t. III, p. 650; — Bernheim, *loc. cit.* p. 40; — Méric, *ibid*, p. 162.

Bien plus, l'hypnotisation peut avoir lieu sans le concours d'un opérateur, sans intermédiaire, comme les expériences de Braid l'ont démontré. Le procédé consiste à fixer d'un regard prolongé un objet brillant placé à 15 ou 20 centimètres au-dessus de l'axe visuel. On a observé depuis que l'objet brillant et lumineux n'est pas absolument indispensable. Le même résultat, le sommeil, se produit si la vue est concentrée sur un point quelconque, de manière à déterminer, chez le sujet, un strabisme convergent, ce point fût-il le bout de son nez, pourvu qu'il ramène sans cesse sa pensée sur l'objet qu'il regarde[1].

M. Maury affirme que les moines du mont Athos et les soufis de Perse arrivent au même but en contemplant leur nombril ; et les derviches et les fakirs de l'Orient, par les agitations convulsives continues auxquelles ils se livrent, répétant toujours la même formule[2]. L'*extase*, selon M. Maury, et c'est cette analogie qu'il a à cœur d'établir, est au nombre des moyens d'hypnotisation : « La méditation des choses surnaturelles, accompagnée de la concentration de toutes les facultés, de toute l'attention sur Dieu ou les êtres divins, peut déterminer cet état, et le détermine ordinairement. » Nous reviendrons sur ce sujet et cette assimilation. Cette méthode s'appelle *hypnotisation par la pensée*.

Le sommeil hypnotique peut se produire d'une façon plus étonnante encore. « Quand le sujet, affirme M. l'abbé Méric, a déjà été magnétisé plusieurs fois et a subi un certain entraînement par l'habitude, l'invasion du sommeil est presque instantanée, et aux conditions posées par l'opérateur. Il dit au sujet : Vous dormirez dans tant de minutes ; quand je lèverai le bras, quand vous ouvrirez cette porte, quand vous mettrez votre gant, vous dormirez. L'idée du sommeil, éveillée au souvenir ou à la vue de l'objet désigné par l'hypnotiseur, produit ainsi fatalement son effet[3]. »

1. Ribet, *loc. cit.* t. III, p. 650 ; — Méric, p. 160.
2. Maury, *Le sommeil et les rêves*, c. XI, p. 262-299 ; — Franco, *loc. cit.* p. 40.
3. Méric, *loc. cit.* p. 162-168.

Le fait suivant est encore plus surprenant : ce résultat peut être obtenu, même en l'absence de l'opérateur, si auparavant il a posé la condition qui doit en être le signal. Je cite : « Quand vous voudrez dormir », dit le Dᵣ Beaunis à Mlle X., qu'il avait l'habitude d'hypnotiser presque tous les jours, « vous n'aurez qu'à dire, en prononçant mon nom : Endormez-moi ; et vous dormirez immédiatement. » Le phénomène s'est produit tel que le docteur l'avait prédit, quoiqu'il fût éloigné de Nancy. Ce genre d'hypnotisme s'appelle la *suggestion mentale*.

Cette même suggestion peut être réalisée d'une manière plus merveilleuse. Le magnétiseur, quelle que soit la distance qui le sépare du sujet, sans avoir posé de condition préalable, sans avoir donné le moindre avertissement, n'a qu'à formuler mentalement un ordre ; et cet ordre, immédiatement connu du sujet, est exécuté[1]. Le Dᵣ Dusard affirme avoir fait bon nombre de ces expériences, qui toutes auraient été couronnées de succès. Nous laissons toutefois aux auteurs la responsabilité de cette assertion. Beaucoup doutent de ces brillants phénomènes, et entre eux M. Méric[2], dans sa critique de la lettre pastorale de l'évêque de Madrid.

Il existe certainement d'autres procédés, mais ceux-ci sont le plus en vogue et le plus en honneur parmi les expérimentateurs émérites.

II

I. — L'hypnotisme, si on laisse de côté et les pratiques de magie du moyen âge, et les opérations théurgiques de l'ancien paganisme, avec lesquelles il a de nombreuses analogies, est une découverte assez récente. Elle est due à James Braid, médecin écossais fixé alors à Manchester, et elle remonte au mois de novembre 1841.

Braid assistait à une séance de magnétisme donnée par le Suisse Lafontaine. Il est vivement frappé du sommeil artificiel déterminé par les procédés de l'opérateur ; il en

1. *Revue de l'hypnotisme*, octobre 1888.
2. Méric, *loc. cit.*, l. 1. ch. V. p. 170.

cherche la cause, et il est ainsi amené à produire lui-même ce phénomène : « Je priai mon ami Walker de s'asseoir et de regarder fixement le col d'une bouteille de vin, assez élevée au-dessus de lui pour produire une fatigue considérable sur les yeux et les paupières, pendant qu'il la regarderait attentivement. En trois minutes, ses paupières se fermèrent, un flot de larmes coula le long de ses joues, sa tête s'inclina, son visage se contracta légèrement, un gémissement lui échappa, et à l'instant il tomba dans un profond sommeil[1]. » L'hypnotisme était né et inauguré.

L'expérience fut renouvelée sur Braid lui-même et sur d'autres personnes, et elle réussit à souhait.

Braid eut des imitateurs et, parmi eux, des disciples éminents: MM. Azam, professeur de clinique chirurgicale à Bordeaux, Broca, Follin, Velpeau[2]. Les trois premiers étaient si intimement convaincus, qu'ils ne balancèrent pas à recourir à l'anesthésie produite par le sommeil hypnotique pour des opérations chirurgicales graves et douloureuses. Elles réussirent parfaitement ; les malades n'en eurent pas plus conscience que si on eût employé les narcotiques les plus énergiques. C'est au mois de novembre 1859 que ces expériences intéressantes avaient lieu.

Par ces exemples, par l'influence qu'exerçaient sur l'opinion les ouvrages que Braid publia, ouvrages d'une haute valeur, par l'exposition scientifique que fit Azam des phénomènes, l'hypnotisme gagnait rapidement du terrain, malgré l'opposition du corps médical, honteux, comme nous le verrons plus loin, de s'être laissé leurrer sur sa nature. Bientôt même, il obtint droit de cité au sein des sociétés scientifiques. Deux écoles, sinon rivales, du moins opposées par leur point de vue réciproque, mais l'une et l'autre intimement convaincues, se formèrent à Nancy et à Paris : MM. Bernheim et Charcot en sont les chefs, ou mieux les fondateurs.

Dès 1866, M. Liébault, ardent coopérateur de M. Bernheim, docteur comme lui de la Faculté de Nancy, avait pu-

1. *Neurypnologie*, p. 23; — Méric, *loc. cit.*, p. 39-40.
2. Méric, *loc. cit.*, p. 39-42.

blié un traité pour exposer les principes de son école. Il s'y attache surtout à la production des phénomènes psychiques ; il expose avec sagacité la grande influence, chez l'homme, du moral sur le physique, la puissance, par suite, de l'action mentale, et le rôle prépondérant de l'attention dans l'apparition des phénomènes hypnotiques. Cependant, malgré la science et la haute compétence de l'auteur, la question demeura obscure, resta le partage presque exclusif des cliniques. Le public, ainsi que nous l'avons signalé au commencement, ne prit pas grand intérêt à ces discussions savantes.

Ce fut M. Charcot qui mit le système en vogue. Il inaugura ses travaux sur ce sujet à la Salpêtrière de Paris, en 1878. Son enseignement eut un grand éclat et un retentissement plus grand encore. Contrairement à la méthode de MM. Liébault et Bernheim, il laissa au second plan les phénomènes psychiques, pour s'attacher aux caractères matériels, aux effets somatiques ; et il les soumit à une méthode expérimentale scientifique et rigoureuse. Pressentant, en 1882, que le moment opportun est arrivé, que l'opinion savante, devenue moins hostile, est disposée à faire meilleur accueil à l'exposition de doctrines si souvent anathématisées par elle, il écrit un mémoire habile et lumineux sur les phénomènes déterminés par l'hypnotisation chez les hystériques de la Salpêtrière, phénomènes multipliés et indéniables, qu'il groupe sous trois titres : la catalepsie, la léthargie, le somnambulisme[1].

Il venait d'être reçu membre de l'Académie de médecine. Le docte aréopage, sans doute pour don de joyeux avènement, lui permit de lire son mémoire en sa présence. Il obtint le succès qu'il ambitionnait et sur lequel il comptait. Ses collègues, pour accentuer de plus en plus leurs favorables dispositions, lui accordèrent généreusement et largement leurs unanimes suffrages.

II. — Était-ce courage, était-ce faiblesse, que cette rupture avec de vieilles rancunes ? Ni l'un ni l'autre, probablement. Ce fut plutôt irréflexion ou surprise.

---

1. Ribet, *loc. cit.* t. III, p. 640.

Le mystérieux des phénomènes hypnotiques séduisit tout d'abord nos savants docteurs. Mais, écrit M. Figuier[1], « alors qu'une observation attentive eut conduit à reconnaître que l'hypnotisme n'était au fond que le magnétisme animal, cette hérésie si souvent frappée par les foudres académiques, un véritable sentiment de répulsion s'est manifesté dans le corps médical. On a été pris de tardifs regrets ; on aurait voulu pouvoir arracher cette page de l'histoire de la science contemporaine ; on s'est frappé la poitrine pour l'avoir ainsi laissé s'introduire dans le sanctuaire scientifique. C'est ainsi que l'homme de la fable rejette avec horreur le serpent engourdi par le froid qu'il a ramassé sur son chemin, le prenant pour un bâton. »

Il n'était plus temps, l'hypnotisme, quand ses adversaires reconnurent leur erreur, avait déjà jeté des racines assez profondes pour braver leurs efforts : il resta maître de la position. Il sent si bien sa puissance, qu'il ne fait plus mystère de sa parenté avec le monstre que la science pensait avoir détruit ; il l'étale au contraire avec orgueil, au grand jour de la publicité. M. Figuier, que je cite de préférence, parce qu'il est le divulgateur intelligent, instruit et fidèle des découvertes scientifiques, résume en ces termes l'opinion prédominante : « L'hypnotisme n'est pas une nouveauté. Il y a identité complète entre lui et le magnétisme animal[2]. »

Il n'est, en effet, et à proprement parler, qu'une évolution de ce système. La différence, si différence il y a, n'est que superficielle : elle consiste uniquement dans le nom, les adeptes du jour, et dans des applications nouvelles, — et redoutables, ajoute M. l'abbé Méric[3]. Au fond, les phénomènes sont absolument les mêmes que ceux produits et racontés par les disciples de Mesmer : sommeil, somnambulisme, catalepsie, insensibilité physique, obéissance absolue à la volonté, aux ordres du médium, suggestion mentale, pénétration de la pensée, rubéfaction de l'épiderme, vésication de

1. Ribet, loc. cit. t. III, p. 649; — Figuier, Hist. du merveilleux, t. III, p. 401.
2. Figuier, Année scientif. 1887, p. 360.
3. Méric, loc. cit., ch. I, p. 5-6.

la peau à volonté, cures merveilleuses, vues à distance, prévision de l'avenir, etc, etc. '

De plus (c'est toujours M. Figuier que je suis), la pré-, disposition des sujets confirme cette absolue parité. C'est sur les organisations maladives, impressionnables, nerveuses, sur les femmes principalement, que l'épreuve de l'hypnotisation, comme celle du mesmérisme, a lieu le plus ordinairement. Seulement, au lieu de névropathes de tous les rangs de la société qui accouraient vers Mesmer et ses adeptes, les apôtres actuels de l'hypnotisme, M. Charcot à leur tête, opèrent sur des sujets choisis, dressés, qu'ils vont trier parmi les folles et les hystériques de la Salpêtrière et de Charenton.

Une autre similitude et une autre différence, toujours selon M. Figuier, c'est le charlatanisme dont sont empreintes les opérations actuelles, comme les opérations anciennes. On connaît la mise en scène de Mesmer : son baquet, ses chaînes magnétiques, son orchestre, ses signes, ses passes et ses attouchements sympathiques, pour provoquer le somnambulisme; « M. Charcot et ses disciples remplacent par un tam-tam, par un éclat de lumière ou par un coup de sifflet, le baquet de Mesmer, l'arbre enchanté de Puységur, et le miroir magique de Dupotet [1] ». Tantôt, dans leurs expériences, le sujet fixe un point lumineux, et, après un temps plus ou moins court (quelques minutes suffisent pour les hystériques), la suspension cataleptique se déclare graduellement, parfois d'une façon instantanée. Tantôt, pour faire passer de la catalepsie au somnambulisme, il suffit d'interpeller vivement le sujet hypnotisé. Tantôt, enfin, les vibrations soudaines d'un diapason, un bruit intense et imprévu, ont les mêmes effets.

Aussi les caractères d'identité ne sont-ils sérieusement contestés par personne. Braid les avoue franchement dans sa *Neurypnologie*, et nos auteurs français n'hésitent pas sur cette conclusion, dont ils attendent des merveilles. MM. Maury, Bersot, Dechambre, pour ne citer que les no-

1. Figuier, *Année scientif.*, 1887, p. 300.

tabilités du rationalisme qui se sont occupées de cette question, font écho à Braid comme à M. Figuier[1]. M. Bernheim lui-même s'empresse de proclamer cette identité : « Aujourd'hui le magnétisme est mort, comme l'alchimie ; mais la suggestion hypnotique est née du magnétisme, comme la chimie est née de l'alchimie[2]. » Le motif de ce revirement d'opinion, de cette nouvelle persuasion de nos médecins sceptiques en fait de surnaturel, est facile à deviner : du moment que l'hypnotisme est identique au magnétisme, il peut, comme lui, être attribué à la nature, expliqué par elle; et ainsi le surnaturel, ramené de cette manière à la nature, cesse d'être surnaturel, est un de ses produits propres. La tactique est habile. On a dépensé, pour la faire réussir, des trésors de science physiologique, épuisé les sources de l'érudition et de la dialectique. Nous verrons plus tard, en parlant des miracles, si la tentative a été couronnée de succès.

Quoi qu'il en soit, constatons pour le moment le fait acquis : de l'aveu de la science elle-même, intéressée par dessus tout à la solution de la question, l'analogie s'impose : l'hypnotisme a sa source indubitable dans le magnétisme du dernier siècle.

III

I. — Un doute inévitable s'empare de l'esprit quand on parcourt la série des moyens plus ou moins artificiels mis en œuvre par les adeptes de l'hypnose. Invinciblement, cette question se pose : ces résultats sont-ils bien authentiques ? La solution du doute, cela n'échappe à personne, a une importance majeure. Si la réponse était négative, toute discussion ultérieure serait superflue, il n'y aurait qu'à s'égayer de la crédulité naïve de nos hypnotiseurs, sans excepter les plus éminents. Si, au contraire, elle était affirmative, il y aurait à compter avec leur enseignement; l'étude des opé-

1. Ribet, *loc. cit.*, p. 664.
2. Bernheim, *La suggestion*, 2ᵉ édition, chap. VII, p. 148.

rations et des phénomènes s'imposerait à toute intelligence
éclairée, avide de vérité. Nous allons essayer de dégager
cette vérité des ombres qui l'enveloppent.

Les deux principaux phénomènes attribués à l'hypnotisme,
sources de tous les autres, sont le « sommeil » et la « suggestion ».

a) Le *sommeil* met l'hypnotisé à la disposition de l'opérateur[1], auquel il obéit, affirme-t-on, aveuglément, et dont
il exécute les ordres avec l'automatisme brutal du somnambule. M. l'abbé Méric, qui a assisté, soit à la Salpêtrière, soit
à Nancy, aux expériences multipliées des savants directeurs
de ces écoles célèbres, décrit en ces termes cet état vraiment étrange[2] : « On plonge un sujet dans le sommeil par
les procédés les plus simples, les plus faciles, les plus divers;
et cet homme est à vous comme l'argile au potier qui la pé-
trit; il est à vous comme l'esclave antique appartenait à
son maître, avec un caractère aggravant d'infamie, car l'esclave antique, après avoir livré ses pieds et ses mains aux
chaînes, gardait, avec l'honneur, la dignité de son âme, la
fière indépendance de sa pensée ; la créature hypnotisée livre à la fois son corps et son âme et perd la suprême défense des âmes libres, elle abandonne sa volonté ; elle est à
vous comme les animaux domestiques employés à votre
service, avec cette différence que l'animal résiste et que la
personne hypnotisée ne résiste pas.

« Par la léthargie et la catalepsie, qui marquent les deux
premières étapes de l'hypnotisme, on s'empare du corps
inerte, inconscient, insensible, d'un homme ou d'une femme ;
par le somnambulisme qui le termine, on s'empare de son
âme, on la domine, on la dirige, on la fait agir comme on
subjugue, on dirige, on meut le corps lui-même dans la
flaccidité et la léthargie.

« On s'empare de la sensibilité de cette femme, par exemple, et de tous ses organes; et par une parole impérieuse ou
caressante, on lui fait éprouver des sentiments, des sensa-

1. Ferrand, *loc. cit.*, p. 2, et Bernheim, *loc. cit.*, chap. 1.
2. Méric, *loc. cit.*, p. 8.

tions, comme si elle était affectée en réalité par les objets dont le magnétiseur évoque le souvenir. ·

« On s'empare enfin de sa volonté, on la dirige à son but, comme le tireur bande son arc et lance un trait. On lui commande, pendant son sommeil, de faire les actes les plus graves : et elle obéira sans jamais reculer, ni devant le crime, ni devant l'infamie, etc. »

b) La *suggestion*, à laquelle le sommeil prédispose et qui produit la dégradation de la personne humaine, est la transmission ou l'infusion des pensées, des volontés de l'hypnotiseur à l'hypnotisé. Il peut, en effet, produire à son gré, sur les sens de ce sujet, telle hallucination qu'il veut. C'est son esclave soumis, comme l'affirme M. Meric, une machine évoluant selon ses moindres désirs, aussitôt qu'il les manifeste.

II. — Voici la série et l'exposition des phénomènes de suggestion les plus ordinaires. L'opérateur peut, à son choix, suggérer au sujet : des idées, des sensations, des passions, des actes, l'insensibilité, la paralysie, la catalepsie, des mouvements divers.

a) L'hypnotiseur peut suggérer toutes sortes d'idées de personnes ou de choses[1]. S'il dit, par exemple, à l'hypnotisé qu'il voit telle personne de sa connaissance, mais absente, l'hypnotise croit la voir et lui parle comme si elle était auprès de lui. S'il lui présente ensuite un chiffon de papier et qu'il lui dise : C'est une fleur, aussitôt l'idée de fleur est réveillée dans l'esprit du sujet ; il admire ses couleurs, savoure le parfum, et si c'est une femme, elle en pare son corsage[2]. Le même phénomène aura lieu si le présent est un objet infect, repoussant : un flacon d'ammoniaque, ouvert sous le nez, sera respiré avec délices, s'il est donné sous le nom d'un parfum exquis[3].

Cette suggestion des idées peut même aller jusqu'à faire perdre au sujet le sentiment de sa personnalité. Si on en

1. Ferrand, *loc. cit.*, p. 8.
2. Bernheim, *loc. cit.*, p. 40-42.
3. Ferrand, *loc. cit.*, p. 15.

croit M. C. Richet, cité par M. Bernheim[1], rien n'est plus
facile que de communiquer à un sujet des illusions relatives
à sa personne. On lui dit : « Tu as six ans, tu es un enfant,
va jouer avec les gamins » ; il prend aussitôt les allures d'un
enfant de cet âge, saute, joue, folâtre, comme s'il se trouvait
au milieu d'une troupe d'enfants. Si on lui dit : « Vous êtes
une jeune fille », il baisse modestement la tête et se livre
aux occupations d'une jeune fille, il fait semblant de coudre.
Lui dit-on : « Vous êtes un général à la tête de votre ar-
mée », il se redresse fièrement, commande et se balance
comme un cavalier. Ou bien : « Vous êtes un saint prêtre »,
il se donne un air sérieux, fait des signes de croix, prie,
récite son bréviaire. Dans une expérience, rapporte M. Méric[2],
le D' Charcot suggère à sa somnambule, Mlle Rosa, qu'elle
est M. Charcot lui-même ; immédiatement elle en joue le
rôle et donne ses soins aux malades.

Plus que cela : on peut suggérer au sujet qu'il est trans-
formé en un animal quelconque. « Vous êtes un chien »,
lui dit-on : il se met à quatre pattes, aboie, fait mine de
mordre. « On dirait[3] », observe M. Méric, que dans toutes
ces expériences la pensée du sujet est en communication
directe avec la pensée du magnétiseur, et que, cessant de
regarder les objets par la vue, de les sentir par le goût et
l'odorat, de les entendre par l'ouïe, son esprit se sépare des
sens par une abstraction d'un ordre nouveau ; il voit un
fantôme, *phantasma*, créé par son imagination, sous le
coup de la parole qui le décrit ; il semble voir l'idée qui se
trouve à l'instant dans l'esprit du magnétiseur. »

b) Ce que nous venons de dire relativement aux idées
est une preuve évidente qu'on peut suggérer des sensations.
Ajoutons cependant quelques faits plus directs, cités eux
aussi par les mêmes auteurs[4].

Un sujet à qui on dit : « Il fait froid », tremble, grelotte ;
si on lui dit : « Il fait chaud », il se découvre, ressent le

1. Bernheim, *ibid*, p. 36.
2. Méric, *loc. cit.* c. III, n° VI, p. 79.
3. Méric, *loc. cit.* p. 58.
4. Bernheim, *loc. cit.* p. 41. 83. 38. 50. 33. — Méric, *loc. cit.*, p. 70.

bienfait de la chaleur, sue même quelquefois. Il en est de
même de la douleur signalée dans une partie du corps : il
l'éprouve aussitôt ; ou bien elle disparaît, sur l'observation
qu'elle a cessé. Il devient triste ou gai à la parole ; il bégaye,
si on affirme qu'il a cette infirmité ; il porte enfin la main
au front ou ailleurs, si on y signale une demangeaison.
Les illusions du goût sont tout aussi nettes : on fait avaler du sel pour du sucre, et il est trouvé très doux ; boire
de l'eau pour du champagne ; manger un oignon pour un
ananas, ou tout autre fruit délicieux.

c) L'hypnotiseur[1] a la puissance d'agir sur le moral
aussi efficacement que sur le physique, d'inspirer les sentiments de la même manière, artificiellement : la peur, la
haine, la sympathie sont conçues pour un objet quelconque
dès qu'elles sont commandées.

M. Bernheim raconte tout un drame pour établir ce fait[2].
A une personne endormie il montre un personnage imaginaire, en lui disant que ce personnage l'a insultée ; et, lui
présentant un coupe-papier en guise de poignard, lui ordonne d'aller le tuer : ce que ce sujet fait sans hésiter, en
proie à une furieuse colère. On le menace de la justice, et
il croit être traduit devant des juges, il agit comme un crimi-
nel. M. l'abbé Méric[3] a assisté à Nancy à une expérience de
ce genre, qu'il décrit et présente comme indubitable.

M. Maury rapporte à son tour une scène d'hallucination[4]
non moins remarquable : le magnetiseur prononce ces paroles : « Je suis un lion », et le magnétisé manifeste une
violente terreur et s'enfuit.

d) Des idées, des passions, l'hypnotiseur peut faire
passer aux actes quels qu'ils soient, bien assuré qu'il sera
immédiatement et ponctuellement obéi[5]. Au commandement
qu'il reçoit, un hypnotisé marche, s'arrête, saute, danse,

1. Fernand, *loc. cit*, p. 3.
2. Bernheim, *ibid.* 1er éd., c. III, p. 31.
3. Méric, *ibid.*, p. 264.
4. Plusieurs expériences prouvent cependant que l'opérateur ne triomphe pas toujours des répugnances du sujet. C'est un fait très important à
noter.
5. Maury, *le Sommeil et les rêves*, c. XII, p. 333.

montre le poing, sourit, monte sur une table, dérobe ce qui se trouve dans la poche du voisin. Ainsi, une jeune fille hypnotisée par M. Bernheim[1] se livre à tous les genres de travaux, lave son linge, reprise ses bas, coud, fait un ourlet, enfile son aiguille ; croit se piquer les doigts, et porte sa main à sa bouche pour sucer le sang ; s'imagine aller se promener avec une amie qu'on lui nomme, et décrit les lieux où elles passent ensemble.

« A ces faits, écrit M. Ferrand[2], se rattachent les suivants. Le magnétiseur trace sur le parquet une ligne, au bord de laquelle il amène l'hypnotisé : c'est là, lui dit-il, une ligne qu'il ne saurait franchir. Le sujet s'arrête. Si on le sollicite de passer outre, il s'en défend ; si on le contraint, il lutte contre cette contrainte, dans la mesure de ses forces, et s'irrite de la subir ». « Toutefois, observe avec raison le même M. Ferrand, dans tous ces actes, le sujet n'exécute rien qui dépasse les forces physiques et les aptitudes de son organisation. »

Nous comprendrons plus loin la haute sagesse de cette observation, quand il sera question de l'ordre extra-naturel.

e) « Dans le sommeil profond, l'anesthésie est complète, écrit M. Bernheim[3] : on peut traverser la peau de part en part avec une aiguille, sans susciter la moindre douleur. On électrise les sujets, on leur enfonce des corps étrangers dans les narines, on les expose aux émanations de l'ammoniaque : ils ne sourcillent pas. » Chez certains, cette insensibilité est assez parfaite pour permettre les opérations chirurgicales les plus laborieuses, absolument comme s'ils avaient été chloroformisés. L'odorat, le goût peuvent être à leur tour entièrement oblitérés, et le sujet ne peut plus rien sentir.

Outre l'anesthésie, la suggestion produit, avec la même facilité, la paralysie. « Je dis au sujet (c'est encore le Dr Bernheim qui parle[4]) : Votre bras est paralysé. Je le sou-

---

1. Bernheim, *loc. cit.*, c. III, p. 30-31.
2. Ferrand, *loc. cit.*, p. 20-21.
3. Bernheim, *loc. cit.* ch. II, p. 18.
4. Bernheim, *ibid.*, ch. II, p. 11-18 ; 2ᵉ éd. p. 23-42.

lève, il retombe. Je lui dis: Levez-vous, et il se lève ; — Marchez, et il marche ; — Asseyez-vous, et il s'assied. Mais si j'ajoute : Vous ne pouvez avancer ni reculer, il reste cloué sur place ; — Vos jambes ne peuvent plus vous porter, il tombe comme paralysé ; — La jambe droite est seule paralysée, il traîne la jambe. Je lui ordonne de danser ; il danse et il s'arrête à mon commandement. »

Il en est ainsi de toutes les parties du corps : au gré de l'opérateur, la paralysie les envahit et les énerve instantanément. « Je provoque de la surdité, poursuit le merveilleux docteur[1] ; le sujet déclare ne plus entendre, ne répond rien, ne réagit pas aux bruits les plus assourdissants. Je le rends muet, bègue, etc. »

Ainsi parlent tous ceux qui ont fait ou suivi ces expériences[2]. Si je cite M. Bernheim de préférence, c'est qu'il est un des plus habiles praticiens, et qu'il a beaucoup écrit pour justifier et propager la science hypnotique.

La catalepsie, comme on sait, produit la flaccidité et la rigidité des membres tout à la fois : la flaccidité fait que ces membres se prêtent à toutes les poses et situations, et par leur rigidité ils gardent ces poses et situations aussi longtemps qu'on le veut. « Je mets, continue le Dr Bernheim[3], un sujet en catalepsie totale ou partielle. Je lève ses bras : et il est en catalepsie suggestive, il les maintient rigides en l'air. Je dis : Votre bras droit est paralysé, et il retombe inerte ; l'autre, au contraire, que je n'ai pas paralysé, reste cataleptisé. »

M. Bernheim opère de même sur les jambes, les pieds, le cou, tous les organes, sur le corps entier, et il lui imprime une rigidité extraordinaire. « Chez quelques sujets, tout le corps peut être ainsi immobilisé et tétanisé, si bien qu'on peut mettre la tête sur une chaise, les pieds sur l'autre, et peser sur le corps sans rompre la contracture[4]. » Cette expérience, du reste, est très usitée dans les séances

1. Bernheim, p. 43.
2. *Ibid.*, 1e éd., p. 32.
3. *Ibid.*, p. 33 ; — 2e éd., p. 39.
4. *Ibid.*, 2e éd., ch. II, p. 38.

des charlatans, comme dans les salons et les cliniques.

Tous les mouvements commandes s'exécutent ponctuellement : aller, venir, s'arrêter, lever un pied, une main, ou les deux simultanément, danser, sauter par dessus des obstacles, montrer le poing, fouiller dans la poche de son voisin, le voler, etc. À un signe, le sujet s'avance, suit passivement partout son magnétiseur. Si celui-ci lève les bras horizontalement et les tourne l'un autour de l'autre[1], l'autre fait de même jusqu'à injonction contraire, ou bien il intervertit le mouvement s'il est provoqué à le faire. Il fait de même pour le mouvement ou balancement des pieds et des jambes, de tout le corps, se soumettant à un ordre ou imitant ce qu'il voit faire. Tout mouvement de l'opérateur suggère dans le cerveau du sujet l'idée d'un mouvement similaire, qui s'exécute automatiquement.

C'est un fait clairement établi : la puissance que la suggestion procure à l'opérateur, sur le sujet, est pleine et entière ; elle ne connaît d'autres limites, quand il s'agit de phénomènes physiologiques, que celles de la nature. Encore certains, comme nous le verrons, pensent-ils pouvoir les dépasser.

III. — Au paragraphe premier de ce travail, il a été question de la suggestion mentale à distance. Nous avons admis la réalité du phénomène, sur le témoignage de MM. Beaunis et Dusart, n'ayant aucun motif de suspecter leur bonne foi. Nous ne reviendrons pas sur ce sujet, et maintenons seulement nos réserves formelles. Restent les suggestions à brève et longue échéance, les suggestions positives et négatives, que nous allons exposer.

a) Les faits et surtout les actes commandés peuvent se produire non seulement pendant l'hypnose et immédiatement, mais aussi après le réveil, à brève ou longue échéance. MM. Bernheim, Ferrand et Méric citent, à cet effet, des expériences extraordinaires.

« À un malade, D., écrit M. Bernheim[2], je suggère, pendant son sommeil, qu'après son réveil, il se frictionnera la

---

1. Bernheim, 1re éd., p. 15, 87, 88, 47 et suivantes.
2. *Ibid., loc. cit.,* p. 19.

jambe et la cuisse malades ; ce qu'il fait sans se douter de
cet ordre. » — « A P. je suggère de mettre, à son réveil,
mon chapeau sur sa tête, de me l'apporter dans la salle voi-
sine et de me le poser sur la tête: il obéit de point en point,
sans savoir pourquoi. » — « A Cl. je suggère, à onze heures
du matin, qu'à une heure de l'après-midi, il ne pourra résister au désir de longer la rue Stanislas, dans les deux sens,
deux fois de suite. A l'heure dite, il cède à cette envie, dont
il est inconscient.» — « S. reçoit l'ordre impérieux[1] de voler
une cuiller en argent, qu'à son réveil il verra derrière lui,
sur un meuble. Au réveil, il hésite un peu, puis dit : « Ma
foi, tant pis ! » et il la met dans sa poche. »

« A une fille hystérique, présentée à la Société de médecine, on ordonne, pendant son sommeil, d'aller, après son
réveil, prendre le verre cylindrique qui entoure le bec de
gaz situé au-dessus de la table, de le mettre dans sa poche
et de l'emporter en partant. Une fois éveillée, elle se dirige
timidement vers la table, semble confuse de voir tous les
regards se porter sur elle, puis, après quelques hésitations,
monte à genoux sur la table. Elle y reste environ deux minutes, ayant l'air toute honteuse de sa situation, regarde al-
ternativement les personnes qui l'entourent et l'objet dont
elle doit s'emparer, avance la main, puis la retire, et subitement enlève le verre, le met dans sa poche et s'éloigne
rapidement. Elle ne consent à restituer l'objet que lorsqu'elle est sortie de la salle. »

Nous citerons encore un fait d'exécution à courte échéance,
emprunté au livre de M. Méric[2]. L'expérience a été faite à
la Salpêtrière, dans le laboratoire de M. Charcot, par M. de
la Tourette et ses collègues de l'hôpital. Il s'agit d'un em-
poisonnement commandé à W., grande hystérique, et qui a
été perpétré après le réveil. — « Quand vous serez réveillée,
vous empoisonnerez M. G. ». Elle refuse d'abord. — « Je
veux que vous l'empoisonniez. » Sa volonté faiblit et elle
accepte. — « Je n'ai pas de poison. — Voici un verre
(j'y verse une bière fictive et j'y ajoute un poison fictif).

1. Bernheim., p. 20.
2. Méric, *loc. cit*, c. III, p. 90.

Il s'agit maintenant de le faire absorber par M. G. — Bien, monsieur. » On la réveille par un léger souffle sur les yeux, et elle accomplit de point en point l'ordre donné. M. G. tombe, simulant la mort : « Ça y est », dit W. d'une manière imperceptible. »

Au cours de l'hypnotisation, M. de la Tourette lui avait dit : « 'En tous cas, quoi qu'il arrive, vous ne vous souviendrez nullement, si on vous interroge, que c'est moi qui vous ai engagée à empoisonner M. G., même si on vous interrogeait en vous endormant de nouveau. » Elle promet. Traduite immédiatement devant un juge d'instruction supposé, improvise, elle parle et agit comme il lui a été prescrit.

Pour ce qui concerne les mœurs, on n'a qu'à se rappeler le procès des assises de Draguignan[1] des 30 et 31 juillet 1865, où fut condamné l'infâme Castellan. Ce misérable, le 31 mars 1865, avait hypnotisé une jeune fille, Joséphine II., au hameau de Guiols (Var), et l'avait hypnotisée à l'état de veille, pour abuser d'elle. Jusqu'au 5 avril, il la tint sous sa dépendance, la fascinant et la forçant de le suivre et de se livrer à sa passion honteuse.

Ces citations, qu'il serait facile de multiplier tant les faits de ce genre abondent, sont plus que suffisantes pour établir la réalité des phénomènes de suggestion à brève échéance. Elles ne laissent rien à désirer, ni pour la nature des faits, ni pour les procédés mis en œuvre.

b) « Chose singulière, poursuit M. Bernheim[2], les suggestions d'actes peuvent se faire non seulement pour le temps qui suit immédiatement le sommeil, mais pour un délai ultérieur plus ou moins long. Un somnambule auquel on fait promettre, pendant son sommeil, qu'il reviendra tel jour, à telle heure, bien qu'à son réveil il n'ait aucun souvenir de sa promesse, reviendra presque certainement au jour et à l'heure indiqués. » Il cite des faits à l'appui. Le plus remarquable est le suivant : « Au mois d'août dernier (1884), je dis, pendant son sommeil, au somnambule S., ancien sergent : « Quel jour serez-vous libre dans la première semaine d'oc-

---

1. Bernheim, *loc. cit.*, c. VIII, 1re et 2e éditions.
2. Bernheim, *loc. cit.*, 1re édition, p. 22.

tobre ? » Il me dit : « Le mercredi ». — « Eh bien ? alors, écoutez bien : le premier mercredi d'octobre, vous irez chez le Dr Liébault (qui m'avait adressé ce sujet) : vous trouverez chez lui le Président de la République, qui vous remettra une médaille et une pension. » — « J'irai, me dit-il ». Le 3 octobre, soixante-trois jours après la suggestion, à 11 heures moins dix minutes, il exécuta l'ordre reçu, quoique jusque-là il n'en eût aucun souvenir. Il se rend chez M. Liébault, croit voir et salue le Président de la République, tend la main, reçoit la médaille et dit : « Merci, Excellence ! » salue et se retire. » Questionné quelques jours après sur cet événement, il affirme que l'idée d'aller chez M. Liébault lui était venue subitement le 3 octobre, à 10 heures du matin ; qu'il ne savait pas du tout, les jours précédents, qu'il devait y aller, et qu'il n'avait aucune idée de la rencontre qu'il y ferait.

Je pourrais encore ici multiplier les citations, mais celle-ci suffit pour constater le phénomène en question, la suggestion à longue echeance. Elle a été expérimentée tout aussi souvent et avec non moins de succès que la précédente, au dire de nos savants hypnotiseurs.

c) La suggestion positive, celle que nous venons d'exposer, consiste à infuser en quelque sorte au sujet des idées, des sensations, des sentiments dont les objets n'existent pas. On en suggère l'image au sujet, qui s'imagine les voir, les toucher ou les entendre, absolument comme s'ils étaient là présents et qu'il en fût réellement affecté.

La suggestion négative[1] est tout l'opposé. Elle consiste à supprimer, pour le sujet, les sensations et les objets réellement existants et à faire qu'il n'en ait plus conscience. Ainsi on peut suggérer à la personne en expérience qu'elle ne voit pas tel individu ou tel objet qui lui sont présentés, ou qu'elle ne sent pas telle odeur ; et en ce cas, si on insiste pour mettre devant elle l'objet que la suggestion a fait préalablement disparaître[2], elle semblera l'écarter comme distraitement, plutôt que de le reconnaître. C'est

1. Ferrand, *Les suggestions dans l'hypnose*, p. 3.
2. Ferrand, *loc. cit.*, p. 17.

une hallucination abstractive : le sujet dans l'imagination duquel on a imprimé telle image, à l'exclusion de toute autre, ne voit qu'elle et n'agit qu'en vertu de ce qu'elle lui suggère.

« Un jour, raconte M. Bernheim[1], le D⁻ Liébault, chez qui je me trouvais, suggéra à une femme endormie qu'à son réveil elle ne me verrait plus ; que je serais parti oubliant mon chapeau ; qu'avant de partir, elle le prendrait, le mettrait sur sa tête et me l'apporterait à mon domicile. Quand elle se réveilla, je me plaçai en face d'elle. On lui demanda : « Où est le D⁻ Bernheim ? Elle répondit : « Il est parti, voici son chapeau ». Je lui dis : « Me voici, madame ; je ne suis pas parti, vous me connaissez bien. » Elle ne répondit rien. Je l'interroge : même silence. Une autre personne lui parle : elle répond immédiatement. Je n'existais pas pour elle. Enfin, quand elle partit, elle prit mon chapeau, s'en couvrit la tête et sortit. »

Ces expériences ont été répétées à satiété, et elles ont généralement réussi. M. l'abbé Méric[2] a assisté à plusieurs d'entre elles, dans le cabinet de M. Charcot : il a été observateur et acteur impartial, avec la ferme intention de découvrir la vérité, et il confesse la réalité des phénomènes.

IV

Les phénomènes que nous venons d'exposer sont les principaux cités par les auteurs, soit expérimentateurs, soit simples témoins. Que renferment-ils de vraiment réel ? Sont-ils admissibles ? Oui, si la bonne foi des opérateurs et la sincérité des opérés ne peuvent être suspectées ; non, si elles laissent planer des soupçons.

I. — Tous les adeptes de l'hypnose ne sont certainement pas des oracles ; tous, y compris les savants, n'ont pas le même droit à la confiance, pour ce motif ; leurs expériences et leurs rapports doivent être soumis à un contrôle sévère avant d'être acceptés. Les croire sur parole, fussent-ils d'une

1. Bernheim, *loc. cit.*, ch. II, p. 26.
2. Méric, *loc. cit.*, ch. II, pp. 43, 58 et suiv.

science profonde et d'une prodigieuse capacité, serait s'exposer à de nombreuses erreurs. Tous, encore une fois, ne
méritent pas d'être crus aveuglément sur parole.

Il y a d'abord les charlatans, dont le témoignage n'a aucune valeur. De ce nombre sont les industriels de la science,
si je puis m'exprimer ainsi, qui, exploitant la curiosité et la
crédulité publiques, donnent des représentations pour de
l'argent, soit dans les grandes villes où ils ont une officine
spéciale, soit dans les provinces où ils se transportent avec
des complices habilement dressés et attirent les spectateurs
naïfs par l'appas du merveilleux. Le plus souvent il n'y a rien
de sérieux dans les prétendus phénomènes qu'ils produisent
et dont ils éblouissent leur public. Ces phénomènes sont des
tours d'adresse plus ou moins surprenants, et rien de plus.
L'hypnotisant et l'hypnotisé sont deux compères qui s'en-
tendent à merveille pour duper. Nous l'avons vu plus haut,
M. Figuier est de cet avis.

Il y a ensuite les fanatiques de la science, ignorants et
savants. Les ignorants sont ceux qui, éblouis par les phénomènes extraordinaires qu'ils ont vus, ou qu'ils ont entendu
raconter, ou dont ils ont lu le récit dans les feuilles publiques et les revues, mais dont ils ne peuvent se rendre compte, n'étant ni assez habiles pour découvrir la supercherie,
si elle existe, ni assez instruits pour contrôler les opérations,
croient et voudraient persuader les autres. Si on leur résiste, ils se scandalisent de cette incrédulité. Ils sont ardents pour la propagande, ont une certaine influence, mais
assez limitée. On rit de leur zèle et de leur foi aveugle : c'est
la meilleure réponse à opposer à leur enthousiasme.

Dans cette catégorie, mais avec une nuance très pronon-
cée, on doit placer les écrivains superficiels qui alimentent
les journaux et les revues. Simples vulgarisateurs des découvertes scientifiques, ils n'ont souvent par eux-mêmes
aucune valeur réelle. Ils savent écrire, exprimer une pensée,
aligner des phrases, mettre en relief les faits révélés par
les savants ; mais là se borne leur science. Malheureusement,
ce ne sont point les moins dangereux. Ignorants, ils ne
doutent de rien et affirment avec un imperturbable aplomb

ce que les expérimentateurs instruits n'avancent que dubitativement et en tremblant. Ils font, ils entraînent et entretiennent l'opinion. C'est déplorable, mais c'est ainsi. Les gens sensés doivent se tenir en garde contre leurs articles sonores et leurs tirades brillantes.

Parmi ces écrivains suspects, j'en citerai deux qui viennent d'écrire sur le sujet qui nous occupe : M. Paul Copin, collaborateur de la *Revue de l'hypnotisme*[1], d'une ardeur juvénile contre l'enseignement de l'Église au point de vue hypnotique miraculeux ; et M. Skepto, animé d'une haine tellement aveugle que, à propos de l'hypnotisme, il exhume toutes les anciennes et nouvelles objections contre le catholicisme, et semble s'imaginer que la hardiesse dans l'affirmation peut remplacer toute discussion et toute science. L'occasion se présentera, dans la suite de ce travail, de relever quelques-unes de leurs assertions les plus osées, pour ne pas dire les plus fantaisistes.

Les savants fanatiques, et il en existe, sont ceux qui, imbus des idées materialistes et anti-surnaturelles, veulent à tout prix faire prévaloir leur système ; les uns, sciemment, par incrédulité ; les autres, d'une manière inconsciente, pensant ne servir par là que les progrès de la science. Vrais sectaires scientifiques, ils sacrifient tout à leur idole, science ou libre-pensée, ou aux deux à la fois. Ces hommes, quel que soit leur mérite, laissent beaucoup à désirer ; leur bonne foi peut être suspectée autant et plus même quelquefois que celle des précédents.

Restent les vrais savants, hommes honnêtes, qui expérimentent en vue de faire progresser la science et de découvrir la vérité. Tels sont, je crois, MM. Charcot, Bernheim, Liébault, Delbœuf, Pierre Janet, pour ne citer que les principaux. Encore laissent-ils quelque chose à désirer, sous le rapport de l'impartialité. Témoin M. Bernheim[2] qui, dans une première édition de son opuscule sur la suggestion, semblait exempt de toute hostilité envers le surnaturel, et qui, dans sa seconde édition, attaque directement les mi-

1. *Revue de l'hypnotisme*, 1er juillet et 1er août 1888.
2. Bernheim, *loc. cit.*, 2e part., ch. Ier.

racles, et spécialement ceux de Lourdes : tant il est difficile,
quand une pointe d'incrédulité travaille l'esprit, de n'en-
visager que la vérité pure. Quoi qu'il en soit de cette petite
infirmité, trop commune dans le corps médical, MM. Charcot, Bernheim, Liébault et leurs élèves me semblent d'une
loyauté irrécusable en ce qui concerne leurs expériences.

Or ces hommes, qui sont des savants de premier ordre,
des expérimentateurs consommés, affirment que tous ces
faits, ceux que nous avons rapportés et beaucoup d'autres
du même genre, sont réels. Il est impossible, selon moi, de
ne pas ajouter foi à leur témoignage. Non que ces phénomènes soient tous certains au même degré, mais en ce sens
qu'un grand nombre du moins sont indéniables. Et ils le
sont d'autant plus qu'ils se sont passés en public, très souvent en présence de spectateurs instruits, capables, quelquefois et même ordinairement hostiles. Ou il existe ici une
certitude véritable, ou il faut tout soupçonner.

M. Ch. Richet[1], élève de M. Charcot et fort expert lui-
même, résume très bien le débat en ces termes : « Depuis
1875, les nombreux auteurs qui se sont adonnés à cette
étude, ont tous — je dis tous — sans exception tiré cette
conclusion, que le somnambulisme est un fait indiscutable.
Ceux qui le contestent sont ceux qui n'ont pas observé eux-
mêmes et qui se contentent de réfuter les divagations des
charlatans. »

II. — Peut-on avoir la même confiance dans la sincérité
des opérés, ou sujets soumis aux expériences de l'hypnotisme ? Ne seraient-ils pas des mystificateurs ; et les savants,
leurs dupes ? Ne pourrait-il pas se faire, en effet, que ces
sujets eussent la fantaisie de flatter la manie hypnotique des
savants, de s'amuser à leurs dépens, ou, ce qui est plus
probable, de se rendre agréables à leurs yeux et en retirer
quelque avantage ? Serait-ce se montrer téméraire que de
le supposer ? Ce que nos savants nous affirment des dispositions de leurs clientes à la dissimulation et au mensonge
justifierait, au besoin, cette persuasion. Écoutons ces sa-

1. Ch. Richet, *L'homme et l'intelligence*, ch. 1, n° VIII, p. 80.

vants: « Un trait commun les caractérise, dit Tardieu[1], c'est la simulation instinctive, le besoin invétéré et incessant de mentir. » « Rien ne leur plaît plus, écrit M. Ch. Richet[2], que d'induire en erreur ceux qui les interrogent. » Ce sont surtout ceux qui s'intéressent à elles qu'elles trompent avec le plus de plaisir. « On se surprend quelquefois, c'est M. Charcot qui parle, à admirer la sagacité ou la ténacité inouïe que les femmes qui sont sous le coup de la grande névrose mettent en œuvre pour tromper. » Ce sont, on le sait, les sujets ordinaires sur lesquels ces messieurs opèrent. Ces dispositions donnent à réfléchir sur la réalité des merveilleux phénomènes qui nous sont racontés avec tant de confiance, on pourrait dire de candeur, par des hommes aussi experts qu'instruits.

Mais écoutons surtout M. Bernheim, essayant de réfuter l'objection que les instincts mensongers de ses malades suggèrent à tous[3] : « Sans doute, on peut rencontrer des sujets qui simulent sciemment, ou qui, par complaisance, se croient obligés de simuler. » C'est l'objection. Voici la réponse : « Ce n'est pas à la légère, d'après une observation positive ou négative, qu'il faut prononcer un jugement. Je me rends cette justice que j'ai observé froidement, sans parti pris, sans enthousiasme. Mais quand, après plusieurs centaines d'observations recueillies dans toutes les classes de la société, à l'hôpital, en ville, j'ai vu les phénomènes se produire constants, affectant un mode uniforme, quand je sais d'autre part que des hommes comme Charcot, Brown-Séquard, Azam, Dumontpallier, Charles Richet, Charpentier, Heidenhain, O. Berger, etc., ont observé des faits identiques ou analogues à ceux que j'ai observés, faut-il donc admettre que tous nos sujets se sont donné le mot pour nous mystifier ? » Ce n'est pas vraisemblable. Cependant cette mystification a pu se produire plus d'une fois, et peut-être dans les circonstances qui ont paru les plus concluantes.

J'avoue même que les hautes considérations de M. Bern-

1. Tardieu, Étude médico-légale sur la folie.
2. De Bonniot, Le miracle et ses contrefaçons, ch. VII, p. 208-299.
3. Bernheim, loc. cit., ch. III, p. 43.

heim ne me convainquent pas absolument; qu'à mes yeux, elles laissent planer des doutes sur le mystérieux des phénomènes. Et ces doutes sont d'autant plus légitimes que l'on cite des mystifications dont nos savants ont été victimes. L'une d'elles concerne M. Bernheim lui-même. Le fait se passe à l'hôpital de Nancy.

Le docteur avait déjà endormi bon nombre de malades, d'un simple geste, d'un seul mot. « Nous le laissons avancer de quelques pas, raconte M. Méric[1], témoin et acteur, et, nous approchant d'une malade endormie, je passe vivement mon chapeau devant ses yeux fermés, je produis un violent courant d'air et je m'éloigne en ayant l'air de ne pas voir. Elle pousse un petit cri, soupire profondément, ouvre les yeux, regarde le docteur, occupé un peu plus loin. Puis, croyant sans doute que personne ne l'avait vue, compose son maintien, ferme les yeux et simule un profond sommeil. En cet état, elle obéit ensuite, avec une parfaite exactitude, à toutes les suggestions; elle voit tout ce que l'on veut et fait tout ce qu'on lui commande. Elle a toutes les hallucinations qu'on veut bien lui donner. Je gardais le silence, mais je savais bien qu'elle n'était pas hypnotisée, qu'elle n'était ni endormie, ni somnambule, et qu'elle jouait un rôle aux dépens de la curiosité des assistants. » « Que de fois, ajoute l'auteur, il peut en être ainsi! » Et de fait, quand on voit ces hypnotisées accomplir à la lettre et avec ponctualité tout ce qu'on leur commande, avoir toutes les sensations, prendre toutes les poses qu'on leur suggère, avaler par exemple un verre d'eau fraîche avec la sensation d'une liqueur délicieuse, on est tenté de croire à la supercherie, surtout quand il s'agit de réaliser des suggestions à plusieurs jours, à plusieurs mois d'intervalle. Il est permis, dans ce dernier cas, de se demander si le sujet était réellement endormi et si, après le départ de l'hypnotiseur, il n'a pas eu la pensée très sage de prendre note du jour et de l'heure où il devait obéir à l'ordre qu'il avait reçu. Qui ne se rappelle, d'ailleurs, l'illu-

---

1. Méric, *loc. cit.*, ch. I, n° VII, p. 26.

sion de l'expérimentateur Hublier qui, pendant quatre années consécutives, fut le jouet de la somnambule Émilie, qui le trompait et abusait de sa crédulité trop facile?

On ne peut le nier, la possibilité de pareille simulation enlève aux faits les mieux caractérisés beaucoup de leur importance. Nos docteurs le comprennent si bien qu'ils ont recours à diverses précautions, pour s'assurer de la sincérité de leurs sujets. Ils leur ont fait respirer de l'ammoniaque liquide[1], de l'acide sulfurique. Ils ont tenu une allumette enflammée à un centimètre à peine de leurs yeux, sans jamais provoquer la moindre sensation. Ils ont donné à leurs membres les positions les plus bizarres et les plus difficiles, quel que fût l'âge ou la faiblesse des sujets ; et tandis que l'homme le plus robuste peut à peine tenir les bras tendus pendant douze à quinze minutes, eux conservaient ces positions aussi longtemps que le voulaient les expérimentateurs, et sans accuser la moindre fatigue.

Il y a donc, malgré les supercheries réelles, des faits nombreux où la sincérité des opérés est indubitable, ainsi que la bonne foi et la loyauté des opérateurs. D'où je conclus que la réalité des faits d'hypnotisme, dans leur généralité, est certaine.

V

I. — La démonstration de la réalité des phénomènes hypnotiques est un point important pour arriver à l'élucidation de la question, mais elle ne soulève qu'un coin du voile et nous laisse encore dans l'ombre. Pour éclairer complètement le problème, il faudrait connaître la cause de ces phénomènes. Nous allons essayer de la dégager des obscurités qui l'enveloppent. Là est le terrain brûlant.

Nous admettons, il est vrai, la réalité des phénomènes hypnotiques, dans leur ensemble ; mais nous sommes loin d'accepter l'interprétation donnée à tous par les savants dont nous acceptons le témoignage. Ils ne reconnaissent en

1. Méric, *loc. cit.* liv. II, ch. III, n° 17, p. 834.

effet qu'une seule cause possible, la nature, et rejettent *a priori* tout surnaturel. C'est le côté faible de leur système, la lacune qui accuse son insuffisance. De ce que ces savants repoussent toute influence extra-naturelle et ferment même les yeux pour ne pas apercevoir les faits qui la prouvent, ce n'est pas une raison décisive pour la nier. Quoi qu'ils en disent, malgré leur incrédulité affectée, il n'en est pas moins vrai que le surnaturel est possible et qu'il existe de puissantes raisons d'y croire.

M. Bernheim[1] loue les esprits qui ont horreur du merveilleux ; il blâme au contraire ceux qui, du moment que les faits ne concordent pas avec les conceptions de leur cerveau, croient y apercevoir ce merveilleux. Cette impossibilité où ils se trouvent d'interpréter les phénomènes prouve bien, dit-on, l'insuffisance de leur savoir en psychologie et en physiologie nerveuse, mais n'accuse pas la présence du merveilleux ou surnaturel. Très bien : je suis de cet avis pour la plupart des cas ; l'impossibilité d'une interprétation naturelle ne démontre pas toujours le surnaturel ; mais, il est important de le constater, elle ne l'exclut pas davantage. Le nier *a priori* serait s'exposer à une grave erreur. Il faut examiner de très près avant de se prononcer. Dire, avec l'auteur, que, les faits une fois constatés, l'interprétation naturelle viendra après, c'est tout simplement préjuger la solution en litige.

M. Littré raisonnait absolument de cette manière dans sa réponse au P. de Bonniot, qui lui avait adressé le procès-verbal authentique de la guérison très authentique d'une sourde-muette, obtenue à Lourdes. Ne pouvant nier le fait, ni l'expliquer naturellement, il se contentait de répliquer[2] : « Comme la philosophie dont je suis le disciple ne reconnaît rien d'absolu, elle ignore si les lois naturelles recevront jamais un démenti. Pour le moment présent, elle est sûre qu'elles n'en ont point reçu. » Le célèbre incrédule tombait ici dans le plus flagrant paralogisme. Cette permanence des lois de la nature était précisément la question à prouver, et

---

1. Bernheim, *loc. cit.*, 1e édition, p. 41, 2e édition, p. 101.
2. De Bonniot, *Le miracle et ses contrefaçons*, préface.

— 34 —

on lui citait un fait qui en établissait la fausseté. Il fallait, pour se prononcer avec connaissance de cause, l'examiner et en lui-même et dans ses preuves. Mais nier le surnaturel *a priori*, sans examen préalable, est plus facile. M. Littré avait recours à ce commode procédé, se montrant en cela le digne fils de la philosophie rationaliste, dont ce procédé est la tactique ordinaire, tant elle redoute d'aboutir au surnaturel. C'est peu logique. Justement, c'est parce que les faits ne se prêtent pas à une interprétation conforme aux lois de la nature, qu'il est rationnel de les déclarer en dehors de ces lois, de les dire supra-naturels.

II. — Ce sentiment n'est pas celui des anti-surnaturalistes ; ils répliquent : Le phénomène, quel qu'il soit, peut avoir pour principe une cause inconnue, que l'on découvrira plus tard ; d'où il suit que le surnaturel, ou miraculeux, ne peut jamais être affirmé avec certitude, quand même il existerait.

Cette objection, empruntée aux incrédules du XVIIIe siècle, est le suprême argument des hypnotiseurs rationalistes du jour. Ils s'y réfugient comme dans une forteresse inexpugnable. « La puissance des agents naturels[1], écrit M. Copin, vulgarisateur ardent de cette idée, nous étant inconnue, il est impossible à qui que ce soit d'établir qu'un phénomène est ou n'est pas en dehors de l'action de ces agents, et par conséquent qu'il est ou n'est pas ce qu'on appelle un miracle » : d'où cette conclusion que le miracle, fût-il réel, ne saurait être constaté.

Rien de plus faux que cette proposition. Deux choses suffisent, en effet, pour cette constatation : la première, que le phénomène ait été produit par un agent mis en activité ; la seconde, que cet agent soit par lui-même impuissant à le produire.

La première condition ne saurait souffrir de difficulté : le fait de sa réalisation touche à l'évidence. Ne suffit-il pas, par exemple, d'avoir des yeux, pour s'assurer qu'un homme s'élève dans les airs, par sa volonté, comme l'oiseau par

1. P. Copin, *Revue de l'hypnotisme*, juillet 1888, p. 21-24 ; — Skepto, *L'hypnotisme et les religions*, pp. 87-92 et p. 16.

son vol ? qu'à la parole d'un simple mortel, un véritable
estropié, un infortuné perclus de ses membres en recouvre
l'usage ? que sur l'ordre d'un thaumaturge, un mort, réellement mort, est rendu à la vie ? enfin qu'une lotion insigni-
fiante a fait disparaître une infirmité, une lésion organique
considérable ? Ces faits sont visibles, tangibles, faciles à
contrôler ; et le doute, par là-même, serait tout à fait dérai-
sonnable.

D'autre part, l'agent qui produit ces phénomènes est là,
non moins visible qu'eux : pour le vol, c'est la volonté de
cet agent ; pour la guérison et la résurrection, c'est la parole
humaine ; et pour la disparition de la lésion organique,
c'est l'emploi d'une eau sans vertu curative. L'accomplissement de la première condition, dans de semblables circonstances, est donc certain et facile à constater.

Or, et c'est là le point principal, l'existence de la seconde
condition n'est pas moins indubitable. Dans ces mêmes
circonstances, l'agent opérateur est impuissant par lui-
même à produire l'effet signalé : la volonté, le vol ; la parole
humaine, la guérison et surtout une résurrection ; et l'eau
ordinaire, la disparition d'une lésion organique profonde.
C'est l'évidence. D'où cette conclusion rigoureuse : donc il
a fallu l'intervention d'une autre cause, d'un agent distinct
du premier et doué d'une vertu supérieure. C'est encore
l'évidence ; nos adversaires en conviennent comme nous.

Cet agent, les croyants l'appellent le surnaturel ; les
rationalistes le nomment loi, force naturelle, encore inconnue sans doute dans bien des cas, mais que la science
découvrira un jour. Qui a raison ? Pour se prononcer sûrement, il faut procéder à cette recherche avec connaissance
de cause. Dans ce but, deux observations préliminaires pré-
cisant clairement la question sont indispensables.

Premièrement : les affections dont il s'agit dans le cas
présent, ainsi que l'indique l'énumération faite plus haut,
ne sont pas des troubles nerveux que l'imagination est à
même de produire ou d'influencer, par exemple des contractures, mais des infirmités graves, des plaies profondes,
des lésions organiques considérables, qui empêchent l'u-

sage des membres ou l'exercice normal des fonctions vita-
les ; c'est enfin une mort réelle, certaine, dûment constatée.
Nous voulons parler de celles-là seules dans la discussion
présente, et nous le faisons spécialement en vue de détruire
l'équivoque, suscitée comme à plaisir par nos adversaires
qui, sous le prétexte que les névroses sont susceptibles de
céder à l'action puissante de l'imagination sur l'organisme
affectent de classer toutes les maladies dans la catégorie
névrotique.

Secondement : nos adversaires, leur fissions-nous cette
concession, n'en seraient pas plus avancés. Supposons que
la nature est douée d'énergies encore inconnues qui soient
capables de produire de pareils phénomènes : il n'en sera
pas moins vrai, à moins de nier Dieu, que le surnaturel est
possible, et qu'un agent divin est propre à réaliser ces effets,
tout aussi bien et mieux même que la nature, susceptible
d'être entravée par mille obstacles divers. Qui prouvera que
ce n'est pas à lui que ces prodiges sont dus, plutôt qu'à la
nature ? Ce ne sont certainement pas nos adversaires. Le
plus qu'ils puissent démontrer, c'est que la nature est assez
puissante pour obtenir un semblable résultat. Mais que ce
soit elle et non un agent surnaturel qui en soit la cause, jamais ils ne l'établiront. Leur preuve est nulle, et les
croyants, si on reste sur ce terrain, ont le même droit qu'eux
de revendiquer le bénéfice du miracle vrai ou supposé. Un
je ne sais, c'est-à-dire l'ignorance, est leur dernière ressource
contre le surnaturel. Ils s'intitulent cependant « la science ».

Éclairés par la lumière que ces deux remarques répan-
dent sur la question, il nous est facile de découvrir l'agent
merveilleux que nous cherchons.

Si cet agent est naturel, il opère par l'imagination et n'a
de prise sur l'organisation que par son intervention. Par ce
moyen seul, il peut déterminer une modification propre à
guérir une affection morbide. Or les maîtres de la science
hypnotique le proclament hautement, l'imagination ne guérit que les maladies se rattachant aux névroses[1]. L'agent

1. Mérle, *loc. cit.*, p. 125, 131 et 189, où il cite l'autorité de M. Binet ; —
Bernheim, *loc. cit.*, p. 270.

qui n'a d'autre vertu curative que celle de l'imagination est donc dans la même impuissance qu'elle vis-à-vis des affections ayant une autre origine que la névrose, de ces altérations, de ces lésions organiques qui, à raison de leur gravité, résistent trop souvent aux efforts persévérants de la science. Si donc il arrive que de semblables infirmités soient guéries instantanément et radicalement, dans les circonstances que nous avons indiquées, il y a lieu nécessairement de recourir à un agent autre que l'agent naturel, c'est-à-dire à une cause extra-naturelle. L'impuissance certaine de l'imagination réduit à néant l'intervention mystérieuse du mystérieux agent opérant par elle, et inventé uniquement pour le besoin de la cause.

Le mode d'opération donne à notre conclusion une véritable évidence. L'agent en question n'est pas seulement puissant, il est en outre intelligent, il opère avec connaissance de cause. Il n'intervient pas de sa propre initiative ; il n'entre en activité que sur un ordre venu du dehors. Cet ordre, il l'entend, le comprend et l'exécute ponctuellement. En serait-il ainsi s'il n'était qu'une force latente de l'organisme humain ? Non, evidemment. Cette force, fût-elle le gaz le plus subtil, n'en serait pas moins une simple propriété de la nature, matérielle par là même comme elle. Or la matière est inintelligente, inconsciente même de ses évolutions. Elle ne saurait donc constituer l'agent intelligent et conscient qui répond à un appel, qui obéit *ad nutum*, comme parle S. Thomas.

En vain, pour échapper à cette conclusion, objecterait-on que l'hyprotiseur obtient un semblable resultat de la part du sujet qu'il a endormi, qu'il lui commande et est immédiatement obéi. Les deux cas sont bien différents. Dans l'hypothèse qu'on nous oppose, l'hypnotiseur connait l'agent opérateur : c'est l'imagination. Il s'adresse directement à elle, il la surexcite et produit par elle les phenomènes curatifs de son ressort. Dans notre hypothèse, au contraire, l'hypnotiseur ignore entièrement l'agent qu'il emploie : comment pourrait-il s'adresser à lui et le réveiller à point ? Il faut que ce soit cet agent lui-même qui, au commandement de cet hypnotiseur, sorte de son repos et entre en activité : cela est impossible. Il est matière, par suite inintelligent ; et à ce titre, il n'entend ni ne comprend un ordre, il ne sait discerner le moment opportun.

« Le phénomène, écrit à ce sujet le P. de Bonniot[1], paraît à l'ordre du thaumaturge, instantanément et avec une docilité parfaite ; on dirait que les forces brutes qu'il met en jeu sont douées d'intelligence et de volonté, qu'elles se sentent en présence d'un maître absolument respecté. Le thaumaturge se fait obéir par des agents naturellement incapables de recevoir un ordre et de s'y conformer. » C'est notre thèse. Donc, au point de vue qui nous occupe, pour expliquer la production des phénomènes, on est forcé d'invoquer un agent extérieur, instruit de la situation, conscient de son entrée en scène, un agent préter-naturel en un mot.

On le voit, en présence de cet exposé, la double objection des rationalistes tombe d'elle-même. Il est très possible, en premier lieu, de démontrer que, dans bien des cas de guérison, le phénomène ne peut être attribué à une force inconnue de la nature. En second lieu, il est même facile, et pour les mêmes raisons, de distinguer un fait miraculeux de celui qui ne l'est pas. Le surnaturel, que la science voudrait éliminer à tout prix, domine la science elle-même et reprend sa place parmi les vérités indubitables.

VI

L'existence du surnaturel cependant n'exclut pas le naturel et ne légitime pas toutes les affirmations de miracle. Il faut user d'une grande prudence dans l'examen des faits. Il y a des règles à suivre, et on fera bien de ne pas s'en écarter. Voici celles que le Dr Ferrand[2], qui est un esprit très modéré, trace dans son opuscule sur les suggestions dans l'hypnose. « En dehors des faits qui rentrent dans le domaine de la supercherie, tous ceux qui peuvent s'expliquer raisonnablement par les lois connues doivent être ad-

---

1. De Bonniot, *loc. cit.* ch. IV, p. 63.
2. Ferrand, *Des suggestions dans l'hypnose*, n° VIII, p. 64.

mis comme naturellement possibles ; tout ce qui dépasse la portée de ces lois doit être réservé comme suspect ; tout ce qui les contredit ne peut être que l'effet de l'erreur, de l'imposture ou d'une cause extra-naturelle. »

Mais alléguer son ignorance, comme le font certains de nos savants, quand ils sont contraints de reconnaître qu'un phénomène observé est en dehors de la nature, supérieur à ses forces connues, est un procédé par trop facile, outre qu'il est, ainsi que nous l'avons déjà remarqué, très peu scientifique.

M. Paul Richer[1] partage cet avis, quoique les conclusions du Dr Ferrand ne soient pas entièrement les siennes. Il écrit au sujet du rejet des faits extraordinaires par cela seul qu'ils sont extraordinaires : « S'il est de la dignité de la science de se tenir en garde contre la supercherie et la crédulité, il est aussi de son devoir de ne pas rejeter les faits par cela seul qu'ils paraissent extraordinaires et qu'elle demeure impuissante à en fournir l'explication. » Pour être complet, il aurait fallu ajouter : et si le surnaturel apparaît, elle doit aussi le confesser généreusement. Mais les préjugés scientifiques de l'auteur ne lui permettaient pas de parler avec cette franchise du vrai philosophe.

Il n'est pas moins vrai cependant que la marche du Dr Ferrand est la plus rationnelle et en même temps la plus scientifique. Nous la suivrons de point en point.

Selon cette théorie, les faits hypnotiques se divisent en deux classes principales et bien distinctes : ceux du domaine de la nature et ceux qui sont en dehors.

Les faits du domaine de la nature sont le sommeil provoqué, le somnambulisme et la suggestion, avec toutes leurs annexes.

1° *Le sommeil provoqué.* — Le sommeil naturel peut être déterminé de bien des manières. Il peut l'être : 1° par la vue : la fixation prolongée d'un objet, la contemplation d'un point quelconque de l'espace, même imaginaire, développent rapidement une fatigue avec engourdissement des

---

1. Richer, *Dictionnaire des sciences médicales*, art. *Mesmérisme.* — Ribet, *loc. cit.*, t. III, ch. XXX, p. 666.

paupières, et sont une invitation au sommeil; 2° par l'ouïe : le son prolongé et monotone d'un instrument, le murmure d'un ruisseau, un chant langoureux, celui par exemple d'une nourrice pour endormir son enfant, produisent le même effet, amènent la somnolence; 3° par les sensations : les impressions uniformes faibles et successives produites sur l'un des sens font naître, chez la plupart des personnes, une certaine torpeur intellectuelle prélude du sommeil; par exemple, les oscillations regulières d'un berceau finissent par endormir un enfant; 4° par la volonté : même la pensée du sommeil chez une personne, le desir de s'y abandonner, la situation propice prise par elle dans cette vue font qu'elle en ressent peu à peu les symptômes : lourdeur des paupières, obnubilation visuelle, engourdissement des membres, obscurcissement de l'intelligence, etc., et qu'elle s'y abandonne, soit volontairement et quelquefois avec satisfaction, soit malgré elle, se trouvant dans l'impuissance de résister.

L'hypnotisme, nous l'avons vu plus haut, n'a pas d'autres manières de procéder : vue, audition, sensation, volonté, etc. Ainsi, pour ne parler que de la vue, on dit à un homme de regarder avec attention un point brillant au-dessus de son front, entre ses yeux : c'est par exemple une boule métallique frappée par le soleil ; cet homme éprouve un strabisme convergent, une fatigue nerveuse, et il s'endort. Evidemment, ce sommeil est naturel comme le sommeil ordinaire.

Mais tous ces procédés classiques ont leurs inconvénients et presentent des difficultés. Tel est le sentiment d'un praticien émerite, le Dr Luys[1]. « Les personnes, dit-il à ce sujet, qui s'occupent de recherches hypnotiques, savent combien il faut de persévérance, de fatigue et d'attention soutenues pour arriver à produire, au début, chez les sujets non entraînés, les phénomènes de l'hypnose. » Guidé par cette expérience, il s'est mis à la recherche d'un procédé plus simple et plus efficace. Il poursuit : « En présence des difficultes multiples, bien souvent suivies d'insuccès, j'ai songé à avoir recours à des moyens plus pratiques et plus

1. *Revue de l'hypnotisme,* 1er août 1888, p. 59.

actifs, en remplaçant l'action propre de l'hypnotiseur par celle d'agents mécaniques, agissant par eux-mêmes et aptes par conséquent à produire les résultats désirés. L'instrument qui m'a paru le plus propre à atteindre ce but est le miroir aux alouettes. » C'est en effet l'action spécialement fascinatrice que ces miroirs mobiles, éclairés par le soleil, sont susceptibles d'exercer sur les oiseaux, qui a inspiré au docteur l'idée de recourir à ce procédé nouveau.

L'expérience a été couronnée d'un plein succès. « Ces instruments, d'après ce que j'ai vérifié, ont, chez les sujets hypnotisables, soit du sexe masculin, soit du sexe féminin, chez les hystériques et les non hystériques, chez les hémiplégiques, et même chez les extatiques, une action somnifère évidente. Une fois le sujet placé devant un de ces appareils en mouvement, l'appareil étant lui-même disposé de manière à réfléchir convenablement la lumière, une fois, dis-je, qu'on lui a dit de fixer le miroir, la fatigue des yeux arrive vite, et, en général, au bout de cinq à six minutes, quelquefois même d'une façon instantanée, on le voit fermer les yeux et s'endormir. »

C'est vraiment merveilleux, et d'une pratique facile. Si le procédé est tel que le décrit M. Luys (et rien ne nous autorise à suspecter son témoignage, appuyé de nombreuses expériences), tout le monde peut hypnotiser sans peine et le plus naturellement possible. C'est en effet la conclusion qui découle des faits, des moyens, des expériences que nous venons d'exposer. La cause du sommeil hypnotique peut donc être une cause purement naturelle, comme celle du sommeil ordinaire : pour ce motif, il doit être affirmé du domaine de la nature, à moins d'une preuve irrécusable du contraire.

2° *Le somnambulisme.* — La connaissance du somnambulisme naturel, écrit M. Gilles de la Tourette[1], remonte aux temps les plus reculés. Il est fort difficile d'en donner une définition précise. Le somnambule, d'après l'étymologie du mot, est celui qui marche en dormant. Tout réside donc dans

---

1. *L'hypnotisme et les états analogues*, 2ᵉ part., p. 170,

la nature du sommeil. « Il y a somnambulisme (naturel), dit Franck, lorsque les fonctions qui appartiennent à l'état de veille s'exécutent pendant le sommeil, d'ailleurs normal. » Que l'on remplace le terme *normal* par ceux de *pathologique* et d'*hystérique*, et l'on aura les variétés que nous décrirons bientôt. Ces variétés sont celles du somnambulisme provoqué, hypnotique ou artificiel.

Il s'agit ici du somnambulisme artificiel. Comme il a une grande affinité avec le somnambulisme naturel et que ses phénomènes sont à peu près identiques, l'étude de la genèse des phénomènes de l'un mettra à même de juger sainement des phénomènes de l'autre.

Et d'abord, quels sont les phénomènes du somnambulisme naturel, et par quelle cause sont-ils produits ?

Outre les sensations qui viennent du monde extérieur, il y en a qui ont pour point de départ l'intérieur du corps[1], les viscères : c'est ce qu'on appelle les sensations viscérales. Elles agissent sur certains individus en état de sommeil, de manière à placer leur système nerveux dans des dispositions particulières. Ce sont elles qui mettent alors en jeu l'activité de ce système, donnent naissance aux rêves dans l'état ordinaire, et aux phénomènes du somnambulisme naturel chez les sujets prédisposés. Mais l'intelligence, la partie consciente des sujets n'y a aucune part. Aussi ne se souviennent-ils de rien, quand ils sont éveillés, revenus à l'état normal. Ce sont des produits qui appartiennent exclusivement au domaine de l'instinct, des mouvements organiques. C'est, en d'autres termes, de l'automatisme pur, automatisme qui a été mis en jeu par la voie d'actes réflexes[2] agissant sur le

1. Dʳ Crocq, *L'hypnotisme et le système nerveux* (*Revue de l'hypnotisme*, 1ᵉʳ oct. 1888, p. 108.)
2. M. le docteur Ferrand (*loc. cit.*, nᵘ 8, p. 4) donne cette notion de l'acte réflexe : « Une impression quelconque est portée sur le trajet d'un nerf sensitif ; aussitôt celle-ci est transmise par ce nerf de la périphérie à la cellule centrale qui lui correspond ; il en résulte une réaction qui, passant dans les éléments moteurs de ce centre, est transmise par eux à la périphérie au moyen des conducteurs spécialement attribués au mouvement, c'est-à-dire par les nerfs moteurs ou centrifuges. Ces derniers mettent en activité le muscle qui est l'agent mécanique actif du mouvement. Un mouvement réflexe implique donc, quand son cycle est complet, un appa-

cerveau, c'est-à-dire par la même voie que les instincts physiologiques.

Dans cet état, soit celui du sommeil, soit celui du somnambulisme, le sujet est susceptible d'entrer en relation avec les personnes ou les choses présentes. « Beaucoup de sujets, écrit le Dr Bernheim[1], parlent en dormant et répondent aux questions qui leur sont faites. » Il en cite des exemples frappants. L'expérience journalière confirme d'ailleurs absolument cette assertion. « Sous l'influence mystérieuse de l'agent qui en est le principe, affirme M. l'abbé Méric[2], on voit se développer instantanément dans le sujet tantôt les facultés intellectuelles, tantôt un sens particulier, principalement le tact, tantôt enfin une sensibilité générale. »

Il cite comme preuve un élève en pharmacie de Milan, Castelli, qui, dans ses accès somnambuliques, préparait les médicaments, corrigeait les ordonnances des médecins, déterminait les caractères botaniques des plantes et soutenait des discussions suivies sur la chimie. Il semblait éveillé, vivant de la vie réelle. « M. Maury[3] rapporte un fait peut-être plus extraordinaire encore. C'est un jeune homme qui, étant à cheval, est pris de son accès, continue sa route, abreuve son cheval à un ruisseau et arrive à Weimar, à environ deux lieux de son habitation. Là il se rend au marché public, se conduisant au travers des passants et des étalages comme s'il eût été éveillé ; puis il descend de son cheval, l'attache à un anneau, monte chez un confrère (un cordier) où il avait affaire, lui dit quelques mots et ajoute qu'il se rend à la chancellerie ; après quoi il se réveille tout à coup, et, saisi d'étonnement et d'effroi, il se confond en excuses. »

Rien donc de plus certain : le somnambule, comme le

reil périphérique récepteur de l'impression sensible, un conducteur centripète, un centre de réception, sinon de perception et de répercussion, un conducteur centrifuge et un appareil de réaction motrice périphérique. ». Il ajoute plus bas (p. 8) : « En résumé, les actions réflexes sont automatiques, involontaires, souvent inconscientes. »

1. Bernheim, *De la suggestion*, ch. VIII, p. 213. 2ᵉ éd.
2. Méric, *Le merveilleux et la science*, t. II, ch. 1, p. 214.
3. Maury, *Annales médico-psychologiques*, janvier 1861. — Méric, *loc. cit*, p. 216.

simple dormeur, peut être en rapport avec le monde extérieur et en subir l'influence.

Il se passe quelque chose d'analogue dans le somnambulisme artificiel de l'hypnose. Le sommeil hypnotique,
ainsi qu'il a été établi ci-dessus, se produit de la même
manière que le sommeil naturel, il lui est identique. Par
suite, l'état vasculaire du cerveau est modifié de façon à le
rendre analogue à ce qu'il est dans le sommeil. Mais, pendant que l'individu est ainsi en état de somnolence ou de
sommeil, que son intelligence et sa spontanéité sont endor-
mies, l'action réflexe veille toujours à un degré plus ou
moins élevé, et, d'autre part, l'activité cérébrale ne fait
jamais défaut.

Si donc, par une sensation viscérale ou extérieure, l'action réflexe est mise en jeu isolément, sans participation
des actions conscientes du cerveau, toute la série des phénomènes du somnambulisme artificiel ou hypnotique se dé-
roule par un mécanisme analogue à celui du somnambulisme naturel. Ce sont des phénomènes de même ordre,
caractérisés par la même absence de volonté et de liberté,
et généralement aussi par l'absence de mémoire. Le sujet,
dans ces conditions, est propre à entrer lui aussi en relation
avec les objets extérieurs, personnes et choses, absolument
comme le somnambule ordinaire. De là sa prédisposition
à subir fatalement les influences qui dérivent de sa situation, surtout celles de l'opérateur qui l'a endormi, et dont
l'idée, le souvenir, la présence l'impressionnent avant tout
et par-dessus tout.

Ces analogies frappantes entre le somnambulisme artificiel et le somnambulisme naturel montrent assez clairement
comment un sujet, sans sortir du domaine de la nature,
peut arriver au somnambulisme hypnotique, en produire
les phénomènes, ou mieux, en subir les conséquences. C'est
donc avec raison que le somnambulisme artificiel est placé,
comme le sommeil, parmi les faits qui sont du domaine de
la nature. — Il est bien entendu que nous ne parlons ici
que de la détermination de l'état somnambulique et des actes qui en découlent naturellement. Quant aux phénomènes

supérieurs, de seconde vue par exemple, il en sera question plus loin.

3° *La suggestion et ses effets.* — Le sujet une fois endormi, entré surtout en somnambulisme, tous les phénomènes de la suggestion peuvent se réaliser, tels que nous les avons décrits dans les paragraphes précédents.

Il y a d'abord la puissance de l'hypnotiseur sur l'hypnotisé. Cette puissance est presque sans borne, absolue, vis-à-vis au moins de la plupart des sujets. Peu tentent d'y résister, ou bien, s'ils l'essayent, ils ne tardent pas de subir la volonté du maître. Au physique, cette subordination est presque la réalisation du fameux axiome : *tanquam cadaver.* Comment cet empire s'obtient-il ? Naturellement, par un effet semblable à celui du sommeil ordinaire.

Le propre de ce sommeil est de suspendre ou de briser la subordination de l'imagination et du cerveau à la volonté. Seule alors, l'imagination règne, commande ; et le cerveau, qui est le principe physique de tous les mouvements de l'activité humaine, lui obéit ponctuellement.

Mais, dans cette impulsion et ce fonctionnement, plus d'attention, plus d'acte de volonté, plus de commandement qui retienne dans l'ordre et l'harmonie les fibres ébranlées. Le corps se trouve affranchi à l'égard de l'âme. Et comme, dans cet état, l'âme n'a plus la direction des facultés psychiques (son intelligence est obnubilée, sa volonté est énervée, sa liberté captive), il s'ensuit que tous les rêves, hallucinations, sensations, mouvements s'exécutent sans elle, et pour ainsi dire en dehors d'elle et toujours indépendamment d'elle.

L'hypnotisme aboutit absolument au même résultat. Le sommeil qu'il impose voile l'intelligence, affaiblit la volonté, enchaîne la liberté, tandis qu'il exalte et laisse entièrement libre l'imagination. Ici, comme dans le premier cas, elle règne sans conteste et sans contrôle sur tout l'organisme. Donc, être maître de l'imagination, c'est être maître de tout l'organisme, dominer entièrement la personne. Le sommeil hypnotique, produisant cet effet, communique par là même à l'opérateur une puissance illimitée sur son sujet.

Le Dr Crocq, de l'Académie de médecine de Belgique, explique ce phénomène d'une manière si remarquable, que je ne puis résister au plaisir de donner le résumé de son exposition.

Il faut reconnaître, dit-il[1], dans le système nerveux, deux espèces d'actions : les actions périphériques ou organiques, et les actions intellectuelles ou centrales. Les premières rayonnent de l'extérieur vers l'intérieur ; les secondes sont dirigées en sens inverse. C'est l'antique dualisme du corps et de l'âme, des forces organiques et des forces intellectuelles. Les unes et les autres ont leur centre et leur point de départ au cerveau. Les forces organiques, nécessaires, aveugles, fatales, constituent l'instinct ; les forces intellectuelles sont libres, rationnelles et forment l'apanage de l'intelligence.

Il y a, par suite, antagonisme perpétuel, lutte incessante entre les deux principes qui en résultent, le principe libre et spontané et le principe de la fatalité, de la soumission, de l'obéissance au monde extérieur; et chacun d'eux peut l'emporter sur l'autre, dans une proportion considérable. Si le premier l'emporte, c'est la liberté qui prédomine par l'intelligence et la volonté. Si c'est le second, l'instinct est maître et entraîne l'homme, devenu l'esclave des sensations et impressions transmises du dehors.

Cette base, relative à l'action du système nerveux, une fois établie, il est assez facile de comprendre quels sont les phénomènes du magnétisme ou de l'hypnotisme. « Ce sont les mouvements involontaires, automatiques, indépendants de l'action de l'intelligence et de celle de la volonté, qui les constituent. » En d'autres termes, ce sont des actes instinctifs, provenant de l'extérieur et non de la partie intime de l'individu, des actes sollicités par le monde extérieur. Ils appartiennent à la catégorie des actes instinctifs, et non à celle des actes intellectuels et libres. C'est, en un mot, l'exaltation de ces actes instinctifs qui constitue l'état hypnotique, et il suffit de les mettre en activité par les procédés

1. Dr Crocq, *L'hypnotisme et le système nerveux. (Revue de l'hypnotisme,* 1er octobre 1888, p. 104).

connus, pour dominer le sujet et le rendre susceptible de toutes les influences. Dans ces conditions, la suggestion a le champ entièrement libre ; ni l'intelligence, ni la volonté, subjuguées par l'instinct, ne peuvent réagir. Pour tout dire en un mot, l'hypnotisé somnambulique est un automate vivant que l'opérateur meut et dirige à volonté.

Dans cet état, observe judicieusement M. Liébault, cité par M. Bernheim[1], le principe des phénomènes diffère fondamentalement du principe qui détermine ceux qui ont lieu chez le dormeur spontané. Ce dernier n'est en rapport qu'avec lui-même. Les idées qui peuvent persister dans le sommeil sont ses idées propres, et ce sont les impressions des nerfs, les incitations venant des viscères, suscitées le plus souvent par ces idées, qui produisent les rêves. Au contraire, dans le sommeil provoqué, les idées de l'hypnotisé lui viennent de celui qui l'a endormi, et c'est l'idée de sa personne qui reste la dernière présente à l'esprit et y est prédominante. Chez le premier, les images, les impressions, les conceptions les plus fantaisistes viennent de lui-même, sans exception ; elles appartiennent à son propre fond. Chez le second, elles proviennent de l'extérieur : c'est l'endormeur qui les inspire, qui met en jeu l'imagination et, par elle, suggère les rêves, dirige les actes que ne contrôle plus une volonté faible ou absente.

Toutefois, le magnétiseur ne substitue pas sa volonté à celle du magnétisé, ne le contraint pas non plus à exécuter ses ordres ; ce dernier ne fait que transformer en action une impression qu'on a réveillée dans son imagination ; la suggestion et ses phénomènes naissent de l'idée qui lui a été infusée[2], soit par la parole, soit par le geste, soit par l'attitude prise ou subie. En un mot, ce n'est pas à la volonté de son médium, à proprement parler, que le sujet obéit, mais à son imagination mise en jeu par ce médium. L'imagination est ici le grand et l'unique facteur.

Cette exposition se rapporte à la suggestion pendant le

1. Bernheim, *loc. cit.*, p. 89, 1re éd.
2. Ferrand, *loc, cit.*, p. 24.

sommeil. M. Bernheim va plus loin : il affirme avoir imposé la suggestion à des sujets éveillés; c'est ce qu'il nomme la suggestion à l'état de veille. Il cite à l'appui de nombreux exemples. M. Ferrand semble douter du fait: « M. Bernheim, dit-il[1], croit avoir imposé la suggestion à des sujets éveillés »; mais, comprenant bien que ce fait est pratique aujourd'hui et indubitable par là même, il ajoute : « Quelle que soit l'appréciation que l'on porte sur la réalité de ces phénomènes, si délicats à produire, si difficiles à observer, si propres à la méprise, leur interprétation ne semble pas s'écarter beaucoup de celle que j'ai proposée pour expliquer ceux qui précèdent. » Ce sont des phénomènes produits pendant le sommeil, et leur explication est absolument celle que nous venons de donner.

Même cette concession dubitative ne calme pas les appréhensions du docteur relatives à l'existence du phénomène. Selon lui, si M. Bernheim a obtenu ce résultat, il le doit, non à l'acte immédiat d'hypnotisation, mais à l'empire acquis sur ses sujets par la pratique antérieure de l'hypnose. Et cet empire lui-même serait facilité par une situation anormale, par une aptitude particulière à un état pathologique, maladif ou alcoolique. Le phénomène se produit alors absolument comme pendant l'hypnose. Le principe spirituel a suspendu ses fonctions ; les actes réflexes du cerveau prédominent ; la bête, comme l'appelait si intelligemment M. de Maistre, se donne libre carrière; et à l'état de veille, comme à l'état de sommeil, l'hypnotisé appartient, corps et âme, à son magnétiseur.

Mais quelque étranges qu'apparaissent ces divers phénomènes, nous sommes dans l'ordre naturel, et l'idée de toute intervention extra-naturelle doit être écartée. Rien ne dépasse les énergies de la nature dans cette puissance du medium sur son sujet, et dans les phénomènes qui en découlent ordinairement.

---

1. Bernheim, *loc. cit.*, p. 37.
2. Ferrand, *ibid.*, p. 37.

VII

La puissance de l'opérateur sur son sujet, avons-nous dit, ouvre un champ libre à toutes les suggestions. Voici quel en est le mécanisme physiologique. Ce n'est pas une découverte nouvelle : quoique nos savants du jour s'en attribuent le mérite, ils n'ont rien inventé, si ce n'est les termes techniques de la science actuelle. Bossuet et Malebranche, il y a longtemps déjà, avaient décrit ces merveilles spirituelles et corporelles, dans un langage moins scientifique sans doute, mais d'une inimitable clarté[1], lorsqu'ils ont exposé l'influence extraordinaire des sens sur l'esprit et analysé l'admirable mécanisme au moyen duquel le physique agit sur le moral chez l'homme. Leur ingénieuse et savante théorie convient, de tous points, aux deux phases principales de l'hypnose, quoique ce phénomène, au sens que nous lui donnons, fût ignoré de leur temps. On peut donc la lui appliquer en toute assurance.

Le cerveau est composé d'une infinité de fibres ou filets nerveux, dont un ou plusieurs correspondent à chacune de ses opérations[2]. Je dis, par exemple, à un hypnotisé : Voici une montre ; en réalité, il n'y a rien, puisqu'il s'agit d'une suggestion. Le nom fait vibrer la fibre correspondante à une montre, dans le cerveau du sujet, qui souvent a vu ce petit et merveilleux instrument et en a conservé le souvenir. Cette vibration réagit sur l'esprit, où elle réveille ce souvenir, et l'esprit imagine et voit la montre qui lui est présentée et dont on lui fait la description. Et comme, d'autre part, l'hypnotisé, ainsi que nous l'avons constaté plus haut, n'est plus capable ni d'attention, ni de volonté, il ne peut

---

1. Méric, *loc. cit.*, l. II, ch. II, n° V, p. 249-250.
2. On peut, et rien ne s'y oppose, admettre que la même ou les mêmes fibres servent à plusieurs opérations analogues ; de cette manière, il ne serait pas nécessaire de multiplier les fibres indéfiniment. La mémoire conserve le souvenir de tant de choses, que tout porte à croire qu'il en est ainsi pour elle et, par analogie, pour toutes les autres facultés de l'âme.

distinguer l'objet imaginaire de l'objet réel, et devient ainsi le jouet d'une hallucination.

Les sensations n'ont pas d'autre genèse. Si on dit : Écoutez cette belle musique ; respirez ce parfum ; buvez cette liqueur ; mangez ce fruit succulent ; — en réalité, il n'y a ni musique, ni parfum, ni liqueur délicieuse, ni fruit savoureux ; mais la parole a ébranlé les fils nerveux qui correspondent, dans le cerveau, à ces divers objets, a provoqué, par un souvenir ravivé, l'apparition de l'image ; et le sujet continue à confondre l'image et la réalité. Il en est de même des mouvements suggérés ; ces termes : marchez, arrêtez-vous, levez les bras, frappez, dansez, se répercutent sur les ganglions qui occupent la base de l'encéphale ; ceux-ci agissent sur les nerfs moteurs, y compris les nerfs médullaires, et réalisent les mouvements commandés.

On emploie le même procédé pour amortir la sensibilité ou énerver l'élasticité et la contractilité des membres, comme nous l'avons vu au paragraphe VI, et tout se réalise au désir de l'hypnotiseur. C'est que, dans toutes ces circonstances, le sujet a reçu une sensation, que cette sensation a réveillé dans son imagination une idée, et que cette idée a déterminé les mêmes effets que si tout était réel.

Le Dr Ferrand croit pouvoir expliquer de la même manière le mécanisme de la suggestion négative. « La suggestion négative, plus étrange, ne réclame pas une autre explication. Le sujet, à qui on a montré une chose réelle ou fictive, en dehors de laquelle on lui a dit qu'il n'y a rien, a dans son imagination l'image positive de cette chose, et le reste est pour lui comme s'il n'existait pas[1]. » Il lui est imposé de ne pas le voir, et il ne le voit pas.

M. Liégeois propose une autre explication, d'accord avec M. Bernheim : le dédoublement de la personnalité chez le sujet hypnotisé. Laissons-le l'exposer lui-même, afin de bien saisir sa pensée.

Il écrit dans la *Revue de l'hypnotisme*[2] : « Si je demande directement à Camille C. comment elle va, depuis quand elle

1. Ferrand, *loc. cit.* p. 15, 16, 17, 18.
2. *Revue de l'hypnotisme*, 1er août 1888, p. 33.

n'est pas venue, etc., elle reste impassible ; elle ne me voit, ni ne m'entend; au moins n'en a-t-elle pas conscience. Si, au contraire, je procède impersonnellement, ne parlant pas en mon nom, mais comme s'il s'agissait d'une voix intérieure, expérimentale, que le sujet tirerait de son propre fond, c'est autre chose : il m'entend alors et me comprend. Si donc je dis à haute voix : « Camille a soif », elle va demander à la cuisine un verre d'eau, qu'elle apportera sur cette table. Elle semble n'avoir rien entendu, et cependant au bout de quelques instants elle fait la demarche indiquée et l'accomplit avec l'allure vive et impetueuse des somnambules. On lui demande alors pourquoi elle a apporté le verre qu'elle vient de poser sur la table : elle ne sait ce qu'on veut lui dire, elle n'a pas bougé, il n'y a aucun verre. Immediatement, je dis : « Camille voit le verre, mais ce n'est pas de l'eau, comme on veut le lui faire croire ; c'est du vin, il est très bon, elle va le boire, il lui fera du bien » ; elle exécute ponctuellement l'ordre donné ; puis elle a tout oublie. Non seulement elle fait, mais elle dit aussi tout ce qu'on lui suggère, et sans en avoir conscience. »

Or, comment s'opère cet étrange phénomène ? Pour MM. Binet et Féré, il s'agit d'un phénomène d'inhibition produisant une paralysie systématique. Pour MM. Bernheim et Liegeois, c'est un phénomène psychique. Le sujet voit, entend, mais il n'en a pas conscience ; il y a annulation de la sensation, qui n'est pas perçue par l'intelligence, à cause de la suggestion même. Chose singulière, c'est son moi inconscient qui fait agir la personne, et le moi conscient n'a aucune notion de l'impulsion reçue du dehors.

On pourrait peut-être objecter la supercherie du sujet. Aussi, pour ne pas être le jouet d'une semblable mauvaise foi, fallait-il une preuve incontestable. M. Liegeois l'a obtenue, comme il suit :

« M. Liebault endort Camille, et il lui suggère qu'elle ne me verra, ni ne m'entendra. Reveillee, elle est en rapport avec tout le monde, moi excepté : je n'existe pas pour elle, ou mieux, de ce qui me concerne rien n'existe pour elle, ni moi, ni mes actes. Si donc un assistant la pique avec une

épingle, elle retire vivement son bras ; si je la pique, elle ne
sent rien. Je lui plante des épingles qui restent suspendues
à son bras et à sa joue : elle n'a aucune sensation, elle ne
les voit pas. De même, si je place un flacon d'ammoniaque
sous son nez, elle ne le repousse pas ; elle s'en éloigne, au
contraire, si c'est une main étrangère qui le lui présente.
L'anesthésie n'existe véritablement que vis-à-vis de moi.
Il y a en elle comme deux personnalités, dont l'une voit
quand l'autre ne voit pas, entend la parole quand l'autre
n'y fait aucune attention. »

Ce phénomène est vraiment extraordinaire ; cependant il
n'a rien d'anormal : ces mêmes effets ont lieu pour l'aliéné,
pour le somnambule ; ils obéissent l'un et l'autre aux perceptions sensorielles créées dans le cerveau, mais ils ne voient
ni ne sentent les objets réels qui sont devant eux. M. Liégeois a donc raison de s'écrier, en constatant ces phénomènes surprenants: «Nous ne sommes pas, je crois, au bout des
étonnements que peut soulever l'hallucination négative ! Et
pourtant ce dédoublement de la personnalité en est déjà un
assez étonnant. »

Tous ces phénomènes peuvent néanmoins être classés,
sans trop de difficulté, parmi ceux qui sont du domaine de
la nature, et qui s'expliquent raisonnablement par les lois
connues de la science. Le sommeil provoqué confère à l'o-
pérateur sa puissance sur son sujet ; cette puissance ouvre
la voie aux suggestions de tout genre: idées, sensations,
mouvements, actes, insensibilité, paralysie, catalepsie, positivement ou négativement ; et tous ces phénomènes s'accomplissent et se conçoivent selon les lois physiologiques
connues.

Mais il existe d'autres phénomènes dont l'explication d'a-
près ces lois paraît plus difficile, quoique les savants ne balancent pas à les y soumettre. Ce sont les suggestions à
échéance courte ou éloignée, devant se réaliser après le
réveil. Nous les avons exposées au parag. III, n° 3, nous
n'y reviendrons pas. Ce qui nous fait hésiter à les classer
d'emblée dans la catégorie des faits naturels, c'est:

1° Que dans cette double hypothèse d'échéance courte

ou éloignée, l'intelligence et la volonté ont recouvré leur empire, la première d'illumination, la seconde de direction et d'inhibition, et qu'on ne voit pas clairement ce qui pourrait alors les empêcher d'en user, comme cela a lieu dans les cas ordinaires du réveil ;

2° Qu'on ne comprend guère comment le magnétiseur, qui est maître absolu des facultés de son sujet en vertu du sommeil qui les mutile ou les annihile, conserve cette même puissance après le réveil, alors qu'il n'est plus en communication avec le sujet ;

3° Qu'on ne conçoit pas davantage — ce point est capital — comment un ordre donné peut dormir dans la mémoire inconsciente, qui a dû en perdre le souvenir, pour se réveiller et en sortir à un moment donné, et aussi oublié lui-même, pour passer en acte.

Répondre en premier lieu, avec le Dr Ferrand[1], que ce sont là des faits de mémoire inconsciente, c'est ne rien dire, c'est mettre une affirmation à la place d'une preuve, ou plutôt prouver la question par le fait en discussion. L'exemple d'un homme qui se rend dans un lieu et qui, n'y pensant pas pendant le trajet, ne laisse pas d'y parvenir, n'explique rien. Ce sont là des distractions qui n'excluent l'intervention ni de l'intelligence, ni de la volonté, lesquelles subsistent et déterminent la marche ; tandis que cette intervention fait entièrement défaut dans le cas supposé, puisque le sujet ne conserve pas même le souvenir de ce qui s'est passé pendant la phase du sommeil.

Alléguer en second lieu, avec le même docteur[2], que la notion du temps et du milieu dans lesquels l'action doit se produire, est réveillée, dans la mémoire, par la coïncidence de ce temps et de ce milieu qui se réalisent à point ; que la sensation qui en résulte réveille, à son tour, dans le cerveau, l'image que cette notion avait d'avance déposée dans l'imagination ; que cette image réveille à son tour le souvenir du commandement donné ; enfin que ce souvenir, en dernier lieu, provoque l'action : c'est bien exposer d'une ma-

1. Ferrand, loc. cit., p. 30.
2. Ferrand, loc. cit., p. 31.

nière ingénieuse la marche que pourrait suivre le phénomène, qu'il suit peut-être dans son élaboration ; mais c'est
ne rien démontrer et mettre encore de pures affirmations à
la place de preuves.

On concevrait, à la rigueur, que le milieu étant donné
avec ses circonstances de temps, de lieu, de personnes ou
de choses, la notion de l'acte à produire se réveillât dans la
mémoire, avec toutes ses annexes ; mais ordinairement il
n'en est pas ainsi : seule la circonstance du temps se réalise. Or, je le demande, quelle relation y a-t-il entre un
moment de la durée et un ordre oublié, que rien absolument
ne rappelle à la mémoire ?

D'ailleurs, tout cet enchaînement d'idées, de sensations,
d'actes, fût-il véritable, n'éluciderait pas encore le point
capital de la question. Comment se peut-il faire que le
sujet maître de lui-même, en pleine possession de ses facultés psychiques, se trouve, au moment de l'acte à produire,
sous l'influence de l'hypnotiseur et éprouve comme un besoin instinctif d'accomplir l'ordre qui lui a été donné et qui
est totalement oublié ?

M. Méric[1], imitant les auteurs que j'ai cités au courant de cette étude, ne balance pas à affirmer « que la présence de l'objet, de la personne ou du signal matériel qui
doit être la cause occasionnelle de l'accomplissement de la
suggestion, a un autre résultat, qu'elle plonge accidentelle-
ment et temporairement l'hypnotisé dans l'état où il se trouvait quand il était endormi sous l'action immédiate du magnétiseur, et fait de lui un somnambule, un halluciné ».
J'avoue que la réalité indéniable des faits semble confirmer
cette assertion ; mais, encore une fois, je ne vois pas comment, sans sortir de l'ordre de la nature, le phénomène peut
se réaliser.

Cette situation anormale est encore aggravée par cette
observation de l'auteur : que le sujet, au moment où il
opère, ignore le motif qui le fait agir, ne comprend pas
la valeur de son acte, et n'éprouve aucun remords, s'il est

---

1. Méric, *loc. cit.*, 2ᵉ partie, ch. III, nᵒ XI, p. 277.

question d'un crime ou d'une infamie. Je ne sais si je me trompe, mais il existe ici nécessairement une influence qui n'est point due à la nature, et volontiers je placerais ce phénomène en dehors du domaine de la nature, ou, pour le moins, au nombre de ceux que M. Ferrand conseille de réserver jusqu'à nouvel ordre.

Il faudrait, à mon avis, tenir le même langage relativement à l'effet des médicaments à distance découverts par M. Luys, si leurs effets étaient certains. Fier de son succès, le docteur exposait sa théorie devant l'Académie de médecine, le 20 août 1887, savoir : que des substances médicamenteuses, placées à distance de sujets hypnotisés ou en contact avec eux, pouvaient provoquer certains symptômes variant avec la substance médicamenteuse employée ou mieux en rapport avec sa nature, comme si le sujet l'avait introduite dans son organisme[1]. Ainsi 10 grammes de cognac[2], placés dans un tube de verre scellé à la lampe et approchés du sujet à 0^{m}10 ou 0^{m}15, produisent l'ivresse en 10 minutes ; — 10 grammes d'eau distillée déterminent des symptômes d'hydrophobie ; — 4 grammes d'essence de thym bouleversent la circulation du sang chez une femme, font saillir les yeux hors de leur orbite, gonflent le cou d'une manière effrayante ; — l'influence de l'eau de laurier-cerise fait tomber en extase, procure des visions célestes ; — l'ipécacuana obtient son effet, etc.

M. Méric, un peu enclin à admettre la réalité des phénomènes hypnotiques, regardait ceux-ci comme parfaitement établis[3]. M. Bernheim était moins crédule : selon lui, il y avait, dans ces expériences, suggestion imposée par une indiscrétion quelconque, qui éveille l'attention du malade hypnotisé et lui permet de deviner la nature du médicament expérimenté.

L'Académie, émue par les affirmations d'un savant tel que M. Luys, mais non convaincue, nomma une commission pour vérifier ses expériences.

1. Méric, *loc. cit.*, p. 115.
2. Journal *Le Monde*, 19 mai 1888, n° 78, feuilleton.
3. Méric, p. 115.

Le jour venu, le docteur, à qui on avait permis de choisir celui de ses sujets qu'il croirait le plus apte à la production des phénomènes, expérimenta selon son habitude et réussit à merveille. Son succès fut de courte durée. Les quatre délégués, MM. Bergeron, Roger, Brouard et Blot, avaient fait préparer seize tubes absolument identiques à ceux de M. Luys, par un pharmacien, M. Vizier, le chargeant d'y renfermer des substances médicamenteuses dont ils ignoreraient eux-mêmes la nature. Ces seize tubes, dont six recouverts d'un papier qui ne permettait pas de voir à l'intérieur, étaient seulement distingués par un numéro reproduit dans un pli cacheté. A leur tour, ces tubes subissent l'expérience décisive et ne produisent pas les effets attendus ; c'est le tube vide, car il y en avait un, qui a produit l'effet le plus appréciable. La théorie Luys, Burot et Bourru avait vécu.

Quant aux effets produits, et ils sont peu de chose, c'est l'imagination seule du sujet, dressé de longue main à ces représentations, qui les a déterminés. Ce qui le prouve d'une manière péremptoire, c'est la contre-épreuve faite par les mêmes docteurs, séance tenante, et insciemment. Trois des tubes renfermaient tout simplement de l'eau distillée. Tous les trois ont produit des effets appréciables, mais dissemblables.

Bien plus, les mêmes délégués, continuant leur expérience, ont trouvé que le même médicament, appliqué au même hypnotisé à quelques jours d'intervalle, avait un effet tout différent. Preuve évidente que l'imagination du sujet a tout le mérite du succès : le médicament produit l'effet que ce sujet s'imagine devoir en résulter, d'après la propriété qu'il lui croit inhérente. Que de phénomènes, affirmés par nos savants avec insistance, disparaîtraient à leur tour, s'ils étaient soumis à un examen aussi intelligent et aussi sérieux !

Quoi qu'il en soit, l'effet des médicaments à distance n'a plus rien de mystérieux, et mieux encore que la suggestion à échéance, il peut être placé parmi les phénomènes du domaine de la nature. Ici, comme dans la plupart des cas qui

viennent d'être exposés, l'imagination est encore le vrai facteur.

VIII

L'opinion de la naturalité du sommeil hypnotique, de la
suggestion et de leurs annexes, est loin d'être acceptée par
tout le monde. Elle a même un redoutable adversaire dans
le R. P. Franco, de la Société de Jésus, théologien italien[1],
qui la combat résolument dans un ouvrage publié à cet
effet ; et ses arguments ne sont pas sans valeur. Je crois
devoir lui répondre *in extenso*, parce que sa conviction
anti-naturaliste et ses arguments sont la conviction et les
arguments d'un grand nombre de croyants ecclésiastiques
ou laïques. Leur foi ardente, mais point assez éclairée,
les porte à supposer le diabolique, quand des phénomènes
mystérieux se produisent et ne cadrent pas avec leur théorie
préconçue sur la puissance de la nature et sur celle de Sa-
tan. Leur intention est bonne, mais les résultats sont malheureux. La science rit d'eux et se sert de leur croyance
aveugle au surnaturel pour nier son existence. Elle démontre assez facilement que, dans certains cas réputés diaboliques, la nature seule a agi, et immédiatement elle en tire
cette conclusion générale que tous les faits prétendus diaboliques sont du même genre. C'est faux ; mais il n'en est pas
moins vrai que ces croyants, par leur orthodoxie excessive,
ont fourni un motif plausible à ces exagérations malveillantes.

Voici d'ailleurs les arguments du P. Franco :

1° Pour qu'un phénomène soit réputé naturel, il faut qu'il
y ait une proportion adéquate entre la cause et l'effet, car
si l'effet dépasse la puissance de la cause, il ne peut être
produit par elle, et alors il est indispensable d'admettre un
autre élément. Or il en est ainsi pour le sommeil hypnotique
et ses annexes. Les moyens employés sont insignifiants : une
passe, la présentation de deux doigts, un ordre, un son, un
souffle. Les effets, au contraire, sont considérables : le sommeil imposé, l'anesthésie, la catalepsie, la paralysie, le som-

1. Franco, *loc. cit*, ch. XX et XXI, p. 127.

nambulisme. Ils ne sont pas proportionnés aux moyens mis en œuvre ; ils ne sauraient par conséquent en sortir, et par là même il est nécessaire de recourir à un élément étranger, extra-naturel.

2° Non seulement ces phénomènes étranges se produisent, mais ils sont instantanés, sans aucun prodrôme de l'état morbide dans lequel va tomber l'hypnotisé ; or ce n'est pas ainsi que la nature agit. Les divers états morbides auxquels elle est sujette sont toujours annoncés à l'avance par des symptômes spéciaux qui les font prévoir. Ainsi, pour ne pas sortir du sujet, l'hystéro-épilepsie, qui, selon l'école de M. Charcot, est le fondement de l'hypnose, ou au moins la maladie la plus analogue à l'hypnose, est toujours précédée, et quelquefois pendant plusieurs jours, par un cortège de phénomènes qui permettent aux malades et au médecin qui les soigne de connaître le moment où elles éprouveront une attaque. Rien de semblable ne se produit dans les sujets qui vont être soumis à l'influence hypnotique. Jusqu'au moment où l'expérience commence, ils jouissent pleinement, au moins ordinairement, de l'usage de leurs facultés psychiques et organiques, et sont exempts de tout symptôme précurseur. Cette instantanéité arbitraire a donc un caractère qui n'est point dans l'ordre normal de la nature.

3° En outre, ces phénomènes, depuis le dernier jusqu'au premier, apparaissent ou disparaissent à la volonté de l'opérateur. Il n'a qu'à commander et il est immédiatement obéi ; l'état morbide comme la guérison sont à ses ordres. Or pareil résultat ne s'est jamais vu dans aucune maladie. La volonté du médecin n'a aucune influence sur la marche d'une affection quelle qu'elle soit. Il lui faut recourir aux médicaments pour réaliser une amélioration. Donc il y a ici quelque chose de plus, que la science ne saurait remplacer, un agent mystérieux qui ne dépend point de la nature.

Tout le livre du R. P. Franco est le développement de ces trois propositions : il croit à l'existence du supra-naturel démoniaque dans toutes les phases de l'hypnotisme. Il écrit en effet (p. 106): « Quelles causes pourrait-on assigner à la névrose hypnotique ? Deux hypothèses peuvent être imaginées pour lui assigner une cause un peu plausible : l'émission du fluide de l'hypnotiseur à l'hypnotisé, et le développement des phénomènes par l'énergie de l'imagination individuelle, excitée ou non par l'hypnotiseur, favorisée ou non par une prédisposition naturelle. » D'où la théorie objective et la théorie subjective, formant deux écoles.

La théorie de l'émission d'un fluide est inadmissible, l'existence de cas nombreux d'auto-hypnotisation constituant contre elle un argument sans réplique. Ici, le P. Franco a raison ; cette théorie est jugée définitivement.

Celle de l'influence de l'imagination est-elle plus recevable ? Le R. P. ne le croit pas pour plusieurs raisons : 1° c'est la thèse en question ; 2° dans cette hypothèse, l'hypnotisé a tout au plus donné son consentement, mais le consentement n'est pas une cause physique agissante ; 3° il peut être hypnotisé malgré lui, ou sans le savoir, ou pendant le sommeil naturel. La thèse subjective n'est donc pas plus admissible que la thèse objective.

On peut repondre qu'entre ces deux thèses il y a place pour une troisième, qui leur emprunte ses éléments. L'objective fournit ses moyens physiques : passes, regard, commandement, etc. La subjective prête ses moyens psychiques : volonté, imagination ; et de ces éléments surgit le phénomène hypnotique de la manière la plus naturelle.

Cette thèse conciliatrice ou n'a point été aperçue par l'auteur, ou lui a paru sans valeur, car il soutient celle du préter-naturel avec une infatigable persévérance. Mais c'est à tort, selon nous. De même, en effet, qu'il ne faut pas, à l'instar de nos docteurs rationalistes, nier *a priori* toute intervention diabolique, il ne faut pas non plus voir partout l'intervention de l'esprit mauvais.

Aussi, le grand reproche à faire à la thèse du P. Franco[1], c'est qu'elle est trop radicale. Elle condamne toute hypnotisation, quel que soit le moyen employé pour la produire, même le simple sommeil hypnotique. Il existe cependant des moyens qui n'ont rien de condamnable en

---

1. Franco, *loc. cit.*, n° XXXII, §§ 1, 2, 3, 4, p. 250-259.

eux-mêmes, et par suite le résultat obtenu ne saurait l'être. Ces moyens sont : les passes magnétiques, les paroles inoffensives, les sons vibrants ou monotones et continus, la fixation de la vue, le regard persévérant, le commandement impérieux. Rien n'est plus irréprochable en soi. Il serait donc licite d'y recourir, indépendamment des circonstances annexes.

— Nor, réplique le P. Franco ; car il n'y a pas de proportion entre eux et leur effet. — Entre eux et tous les effets, c'est vrai ; entre eux et certains effets, c'est faux. Il y a certainement proportion adéquate entre le sommeil et ces moyens. Ils produisent, l'expérience le prouve, l'engourdissement du cerveau, et amènent le sommeil naturel, quand ils sont persistants. Pourquoi le sommeil hypnotique, qui est un vrai sommeil, n'en résulterait-il pas ? Ici la cause et l'effet sont adéquats.

Le commandement et le regard semblent, il est vrai, sortir de ce cadre ; on saisit moins clairement le trait d'union proportionnel entre la cause et l'effet. Une simple observation cependant suffit pour le rendre visible. La première fois que l'on hypnotise un sujet, c'est évident, il n'y aurait pas la proportionnalité adéquate, si l'effet était produit, fût-ce le simple sommeil. Mais, si ce sujet a déjà été magnétisé plusieurs fois, il en est autrement. L'empire obtenu précédemment par les divers moyens précités, et dont le regard, le commandement ont pu faire partie, explique comment ce commandement ou ce regard, venant à influencer la prédisposition, l'attente du sujet à se laisser dominer, déterminent le phénomène. Aussi n'est-ce qu'après des expériences réitérées que l'opérateur a recours à ce moyen sommaire, à moins que le sujet ne soit dans un état pathologique, névrotique peut-être, sans énergie par là même pour opérer une résistance. Dans ces conditions, un ordre impérieux, surtout la fascination du regard, peut, même la première fois, provoquer le sommeil aussi facilement qu'à la suite de nombreuses opérations. Le recours à un agent extra-naturel n'est donc pas nécessaire.

— Mais l'instantanéité du phénomène décèle, à n'en pas

douter, la présence de cet agent. — Une observation analogue à la précédente suffit pour résoudre cette seconde difficulté. S'il s'agissait d'une première hypnotisation, et que le sujet sain et valide ne se prêtât pas volontairement à l'expérience, n'eût aucunement le désir de subir l'effet projeté, il est certain que la production instantanée de cet effet semblerait nécessiter l'intervention d'une cause occulte et supérieure. Il en serait autrement si le sujet avait déjà été soumis à l'hypnotisation, et avait ainsi abdiqué son indépendance en laissant l'opérateur prendre empire sur sa volonté, son imagination et par suite sur tout son organisme. Il y aurait alors chez lui tendance à être subjugué, une sorte d'asservissement aux ordres de cet opérateur ; et, dans ces conditions, l'effet subi ne paraîtrait pas plus extraordinaire que l'effet progressif, lequel, ainsi que nous venons de le voir, ne dépasse pas les énergies de la nature.

Un résultat analogue devrait se produire, si le sujet, comme pour le cas précédent, était dans un état morbide, névropathique surtout : l'altération de ses facultés, l'énervement de l'organisme, qui en est la suite inévitable, ne le livreraient ni moins efficacement, ni moins subitement, à la puissance de l'hypnotiseur. L'instantanéité du phénomène, dans les deux cas, s'explique donc assez facilement par le jeu des lois physiologiques.

Ce qui aggrave cette instantanéité, aux yeux du R. P. Franco[1], ce qui imprime, selon lui, au phénomène son incontestable caractère d'extra-naturel, c'est que les symptômes dépendent absolument de la volonté de l'opérateur, apparaissent et disparaissent à son gré, et qu'ainsi la proportion adéquate de cause à effet n'existe pas non plus à ce point de vue.

Un examen attentif prouve que l'auteur ne s'est pas rendu un compte exact de la nature du phénomène. Nous venons de le constater : par le sommeil provoqué, qui se produit naturellement, l'hypnotiseur se rend maître de la volonté du sujet, surtout de son imagination. Du moment

1. Franco, *loc. cit.*, ch. XXIII.

donc qu'il lui suggère une idée, une sensation, un acte, il
est tout naturel que l'imagination impressionnée réagisse
dans ce sens sur les organes psychiques ou sensitifs, y détermine soit l'idée, soit la sensation, soit la tendance à l'acte,
ou qu'à un ordre contraire ces phénomènes cessent immédiatement. Leur raison d'être est la suggestion, ils doivent
disparaître avec elle, à la volonté du magnétiseur. Et l'effet,
dans les deux opérations, est proportionné à la cause.

— Nullement, réplique le P. Franco[1] : « La vérité est que,
pour produire un changement physique dans les muscles,
une cause physique est nécessaire, et non une cause morale.
Or la suggestion est une cause morale ; elle ne peut donc
produire des effets physiques. Il faudrait, pour cela, ou
qu'elle changeât physiquement les organes des sens, ou
qu'elle créât la qualité physique qui doit être sentie, par
exemple, le chaud, le froid, la paralysie, etc. Donc la suggestion n'explique pas les phénomènes de l'hypnotisme. »

L'argument est en forme et serré, mais le principe sur lequel il repose est faux : pour produire un effet physique
sur les muscles, ou mieux un changement physiologique,
une cause physique n'est pas nécessaire, une cause morale
peut le produire aussi bien qu'elle, et plus efficacement
quelquefois. Une surprise, par exemple, une vive émotion,
l'épouvante causée par l'appréhension d'un péril. même imaginaire, sont tout aussi propres à déterminer une perturbation considérable dans l'organisme, même une crise violente, la paralysie, la catalepsie, l'anesthésie, des hallucinations,
jusqu'à la folie. L'expérience journalière ne permet pas d'en
douter. Or la suggestion est une cause morale de ce genre. Il
n'est donc pas étonnant qu'elle arrive à des effets similaires.

Mais il n'est pas besoin pour cela de changer physiquement les organes des sens, ou de créer la qualité physique
qui doit être sentie. Il suffit que les organes se prêtent à
produire l'impression et que les fibres sensitives soient
affectées comme si elles recevaient la sensation désignée :
c'est ce qui a lieu par le concours de l'imagination mise

1. Franco, loc. cit., ch. XXIII, p. 181.

en activité. Elle ravive le souvenir de l'impression déjà éprouvée, et le phénomène se passe comme la première fois. Un fait inaperçu, négligé, le démontre jusqu'à l'évidence. Le sujet hypnotisé n'éprouve, parmi les sensations suggérées, que celles qui lui sont connues. Si on lui présente, par exemple, un fruit insipide, et qu'on lui dise : « Voici une orange, mangez-la », il le prend, le déguste et lui trouve le goût d'orange. Si, au contraire, on lui affirme que c'est un ananas, et qu'il ne connaisse pas ce fruit, il n'éprouve rien, si ce n'est le goût du fruit présenté, ou de tout autre fruit qu'il s'imagine être ce dernier. Encore une fois, l'imagination est le grand facteur de la suggestion, le principe de toutes les merveilles qu'elle enfante.

Le contact de l'objet physique avec l'organe sensitif n'est pas plus nécessaire pour que l'impression se réalise ; l'affirmer, c'est contredire de nouveau l'expérience. Que de fois, en effet, ne s'imagine-t-on pas voir, entendre, sentir, goûter des choses qui n'existent que subjectivement ? Pourquoi exiger pour l'hypnose une condition que l'état normal de veille ne réclame pas ? C'est irrationnel, ou plutôt le besoin de la cause dicte seul cette condition intéressée.

D'ailleurs, si partisan qu'il soit du prêter-naturel diabolique pour toutes les phases de l'hypnotisme, le P. Franco[1] ne peut s'empêcher d'admettre que les symptômes somatiques se produisent, en dehors de l'hypnose, comme des symptômes naturels, dans divers états morbides. « Nous concédons aussi quelquefois le cas où l'homme fatigué et malade est amené, par des causes naturelles assez faibles, à un état qui présente quelques symptômes semblables. L'expérience des médecins en fait foi[2]. » — Pourquoi alors refuser d'admettre cette fatigue et cet état maladif pour l'hypnotisme, et vouloir y trouver toujours l'action diabolique, au lieu d'une cause naturelle ? Nous dire que « tous et chacun de ces phénomènes ne sont pas exempts de soupçon diabolique, soit en raison du moyen par lequel ils se produisent, soit en raison des circonstances », ce n'est pas une

1. Franco, *loc. cit.*, p. 120.
2. *Ibid.*, n° XXXII, p. 251.

preuve; c'est la question, la grande question à résoudre; et pour cela il ne suffit pas d'affirmer. Sans aucun doute, on a tort de mêler à ces phénomènes simples les phénomènes supérieurs; il faut les distinguer et les éliminer; mais les premiers n'en existent pas moins, n'en sont pas moins indubitables. Tel est le sentiment des médecins consciencieux, comme le reconnaît le P. Franco lui-même[1]. S'ils rejettent avec horreur la clairvoyance, la divination, le transfert des sens et autres phénomènes transcendants, ils ne peuvent cependant se résoudre à condamner ceux d'apparence moins contraire à la nature. Nous les croyons dans le vrai.

Le P. Franco prétend enfin, et toujours à tort, que les symptômes hypnotiques, pour être réputés naturels, devraient dépendre également de la volonté des spectateurs comme de celle de l'hypnotiseur. C'est ne pas tenir compte de la nature et de la marche du phénomène. Voici en effet son raisonnement : « Si elle (la suggestion) était une cause naturelle, son action serait naturelle, ainsi que son effet, et cela chaque fois que la cause agirait; et quiconque produirait cette cause, obtiendrait cet effet. Or, dans l'hypnotisme, la chose marche entièrement à l'inverse. Les spectateurs tous ensemble suggérant à l'hypnotisé ne peuvent rien sur lui; l'hypnotiseur, seul, peut tout. » — La réponse est facile. C'est vrai : la suggestion, cause naturelle, doit produire ses effets, quel que soit l'agent qui la provoque, si elle est imposée dans les mêmes conditions; mais si ces conditions sont différentes, il est clair que l'effet peut l'être aussi. C'est justement ce qui a lieu dans le cas présent : la situation est tout à fait autre. Seul, de tous les spectateurs, l'hypnotiseur s'est mis en rapport avec le sujet par le sommeil provoqué et par la puissance absolue que ce sommeil procure sur la volonté et l'organisme; seul, par conséquent, il est en mesure de se faire écouter et obéir. Pour qu'une autre personne pût jouir du même avantage, il faudrait qu'elle fût dans la même situation, qu'elle se fût mise en communication avec le sujet. Le contraire a eu lieu : elle s'est laissé

1. *Ibid.*, p. 252.

devancer par l'hypnotiseur, qui s'est emparé de la volonté de ce sujet ; il n'y a donc plus de place pour elle. Est-il étonnant que sa tentative demeure infructueuse ? La dissemblance des situations explique celle de l'effet. Argumenter *a pari* de l'une à l'autre est un vrai paralogisme. Il existe sans doute du mystérieux dans la puissance du médium sur le sujet, comme il s'en trouve dans la plupart des phénomènes psychiques ; mais ce mystérieux, pas plus que celui de la vision, de la sensation, de la mémoire, n'empêche pas que l'on conçoive le mécanisme du phénomène, qu'on le suive dans ses phases diverses, et assez facilement. Pour cette raison, et en vue de motiver cette puissance, il n'est pas nécessaire de recourir au supra-naturel.

Les raisonnements du P. Franco sont donc loin d'être décisifs, et la thèse de la naturalité de beaucoup de phénomènes hypnotiques demeure certaine. Cette opinion d'ailleurs, ainsi que nous l'établirons, est tout à fait conforme aux décisions intervenues de Rome sur cette grave question.

Outre les faits reconnus conformes aux lois de la nature et ceux qui, paraissant dépasser leur portée, sont insuffisamment expliqués et par là même réservés, il en existe une autre catégorie qui sont opposés à la nature, qui contredisent ses lois connues. Ces derniers sont de deux sortes : préternaturels simples et préternaturels religieux. Dans cet article, nous parlerons des premiers. Ce sont : la seconde vue, — la vue à distance, — la pénétration de la pensée d'autrui, — la possibilité de découvrir, par le regard, le genre de maladie intérieure d'une personne, — la transposition des sens, — la science infuse, — la prévision de l'avenir.

1. *La seconde vue.* — C'est la vision s'opérant sans le secours de l'organe de la vue, par l'œil de l'âme, atteignant directement les objets extérieurs.

Le Dr Ferrand juge en général comme il suit les différents phénomènes qui s'y rapportent : « Quant aux faits de seconde vue proprement dite, l'opinion, à leur égard, ne peut qu'hésiter entre l'illusion de ceux qui les ont observés, l'imposture de ceux qui en ont été les agents, ou bien encore l'intervention d'une puissance qui échappe aux lois de la nature humaine, puissance occulte et malsaine sans contredit[1]. »

Ce jugement est peu favorable, mais il révèle des faits et il fait soupçonner une intervention mystérieuse qui peut fournir les éléments de solutions rationnelles et motivées. La première pensée qu'il inspire est qu'il faut se mettre en garde contre la supercherie, de quelque source qu'elle vienne, illusion ou mauvaise foi. Pour y parvenir, voici les moyens auxquels on a recours, dans les expériences de seconde vue proprement dite. « On s'assure, dit M. Méric, que le magnétisé a les yeux complètement fermés ; et, pour éviter la supercherie ou l'erreur de la part du sujet, on a recours à des bandeaux épais et à des moyens mécaniques qui élèvent une barrière infranchissable entre ses yeux et les objets extérieurs. La lumière ne pénètre pas jusqu'à lui[2]. » Et cependant il voit les objets qu'on lui présente, même renfermés hermétiquement dans une boîte ; il prend un jeu de cartes, distingue les figures, joue avec une personne éveillée et gagne la partie.

M. Méric semble ne point douter de la vérité de ces faits : il me répugne de les admettre. Soit, cependant, puisque les nier serait, selon l'auteur, ruiner la certitude historique et l'autorité du témoignage des hommes. Mais je nie que cette seconde vue soit possible par les lois naturelles. L'œil le plus perçant ne saurait pénétrer les corps opaques. Il y a là, selon l'ordre naturel, un obstacle infranchissable. L'expérience journalière le prouve. Si donc le sujet voit réellement, il y a, à n'en pas douter, ainsi que l'affirme M. Ferrand, l'intervention d'une cause extra-naturelle, ou qui rend le corps opaque transparent, ou qui, extrayant l'objet de la boîte où il est renfermé, le présente aux regards du sujet, ou qui enfin en produit une image identique à ses yeux. Mais, dans l'un comme dans l'autre cas, le préternaturel est certain.

2. *La vue à distance.* — C'est, pour un hypnotisé, la faculté de voir à des distances indéfinies et malgré tous les

1. Ferrand, *Les suggestions dans l'hypnose*, p. 41.
2. Méric. *Le merveilleux et la science*, t. II, ch. III, p. 283.

obstacles. Un hypnotisé est, à Paris, par exemple, et au commandement du magnétiseur, il se transporte en esprit à Londres ou à Pékin, voit ce qui se passe dans une maison qui lui est entièrement inconnue et qu'on lui désigne, décrit l'intérieur des appartements, depeint les personnes qui s'y trouvent, indique leurs actes, ainsi que les meubles, la disposition des lieux, tous les détails en un mot.

Ce second phénomène, comme le précédent, sort de l'ordre naturel ; il est physiquement irréalisable. L'œil ne voit qu'au moyen de rayons lumineux qui, partis de l'objet, se réflètent dans l'orbite oculaire. Or, à une pareille distance, ou ces rayons s'éteignent dans l'espace, ou, arrêtés par les corps opaques interposés, ils n'arrivent pas jusqu'à l'œil, pour y peindre les images des objets sur la rétine. L'intervention d'une cause préternaturelle est donc indispensable dans une semblable circonstance. Et quand on essaie de s'en passer, on a recours à diverses hypothèses plus ou moins hasardées ; on invoque : l'imagination avec l'hyperidéation, le sixième sens, le dégagement de l'âme, l'hyperesthesie, le fluide vital, le périsprit. Disons-le à l'avance, le succès n'a répondu ni à l'ardeur de la polémique, ni aux espérances conçues.

a). — L'*imagination* est sans aucun doute l'agent hypnotique le plus actif et le plus puissant. Son rôle serait universel, au dire de ses partisans : « Je n'hésite pas à reconnaître, écrit à ce sujet M. A. S. Morin, que l'imagination suffit pour rendre compte de tous les faits magnétiques, et doit en être regardee comme la cause unique ; l'hypothèse d'un agent particulier ne me semble nullement justifiée. » Cet éloge est exagéré, même au point de vue simplement physiologique, comme il a été demontré plus haut ; il renferme neanmoins beaucoup de vrai. Le rôle de l'imagination, sans être universel, est considérable dans bien des circonstances. Tous les autres agents psychiques lui empruntent au moins une partie de leur efficacité. Elle est entièrement preponderante dans les scènes somnambuliques. Mais, quelque grande et etendue que soit son influence, elle ne peut fournir une explication suffisante des phénomè-

nes qui nous occupent, surtout de la prodigieuse lucidité
qui fait apercevoir les choses lointaines et cachées. La
raison en est simple et facile à saisir. Qu'est-ce, en effet,
que l'imagination, au point de vue physiologique ? Une
faculté humaine. Or une faculté humaine n'agit que dans
la sphère humaine. Son champ est tout entier à l'intérieur, cir-
conscrit dans le cerveau. Les objets à atteindre sont au
contraire à l'extérieur, hors de la portée des sens par où
ils pénètrent jusqu'à elle. Elle ne saurait donc en être impressionnée, se les figurer, et par là même en donner une
idée à l'intelligence : son impuissance physique est radicale.

b). — Mais ce qu'elle ne peut faire par elle-même, elle a le
secret de le produire, au moyen des autres facultés, dont
elle accroît la puissance, par l'intelligence, par exemple. De
cette combinaison est née l'hypothèse de l'*hyperidéation*.
C'est une sorte de surexcitation intellectuelle, en vertu de
laquelle le sujet deviendrait susceptible de phénomènes
dépassant l'ordre physiologique normal[1]. On en donne pour
raison (Gley) que l'hypnose supprime le travail nerveux, qui
se fait d'habitude pour recevoir et conserver les impressions,
et qu'ainsi le cerveau, étant directement atteint et débarrassé
de son mécanisme compliqué, a plus d'énergie pour réagir
automatiquement, comme il le fait dans cet état. — C'est
peu lumineux, outre que c'est une assertion gratuite. Mais,
ce résultat fût-il réel qu'on n'en serait pas plus avancé.
Amplifier la puissance automatique du cerveau n'est pas
augmenter la lumière de l'intelligence, ni aiguiser son acuité.
Cependant, dans les phénomènes de seconde vue, comme
dans ceux de vue à distance, c'est l'intelligence qui est en
jeu et qui devient susceptible de perceptions dépassant ses
aptitudes ordinaires. On lui attribue donc un développement
que rien ne justifie. L'hyperidéation n'explique rien, et l'affirmer, c'est mettre un mot barbare à la place d'une exposition lucide ; rien de plus.

c). — Le recours à un *sixième sens* n'est pas plus heureux. « Le somnambulisme magnétique, dit Tardy de Mon-

---

1. Ferrand, *loc. cit.*, p. 42.

travel[1], nous découvre dans l'homme un sixième sens, qui
n'avait pas encore été connu. Ce sixième sens parait être
bien plus exquis et plus sûr que les cinq autres ; il ne les
exclut point, il agit avec eux et ils paraissent agir par lui...
Dans l'état normal, les cinq sens étouffent en quelque sorte
le sixième. » Dans l'hypnose, au contraire, lui seul est en
activité et dirige tout le système.

Cette découverte du sixième sens est vraiment merveilleuse, plus encore que celle de l'hyperidéation, et non moins
commode qu'elle pour sortir d'affaire. Un phénomène physiologique embarrasse, il est rebelle à toute interprétation
scientifique découlant des lois de la nature, il se refuse à
toute classification du même genre : qu'importe ? il y a un
moyen bien simple de surmonter ou de tourner l'obstacle ;
le sixième sens est là pour produire ce phénomène extra-
naturel. Ce n'est pas plus difficile que cela. — Et s'il se ren-
contrait un savant quelconque qui refusât de l'admettre,
qui le récusât parce qu'il ne lui reconnaîtrait pas une efficacité suffisante, il serait facile de lui donner satisfaction : on
imaginerait un septième sens, doué de la vertu indispensable. N'est-ce pas merveilleux ? Par cette ingénieuse créa-
tion, toute impossibilité disparaît. Ceux qui ne seraient pas
satisfaits seraient bien exigeants ! Je suis de ce nombre ;
j'ose m'inscrire contre ces défaillances de la science. Elle
n'admet, répète-t-elle sans cesse, que ce qu'elle voit, ce
qu'elle touche, ce qu'elle a expérimenté : eh bien ! où a-t-elle
vu, touché, expérimenté le sixième ou le dixième sens ? Un
pareil procédé n'est pas plus honorable que scientifique.
Il l'est d'autant moins que c'est la peur seule qui l'inspire,
la peur du surnaturel.

d). — Le sixième sens, étant impuissant à résoudre la difficulté physique de la distance, il fallait un moyen qui la
fit disparaître en rapprochant l'âme des objets. On a pensé
l'avoir découvert dans le système du *dégagement de l'âme*.
Selon cette théorie, l'âme se séparerait de l'organisme et

---

1. Tardy, *Essai sur la théorie du somnambulisme magnétique*, p. 40-
50. — Ribet, *loc. cit.*, p. 674.
2. Ribet, *loc. cit.*, t. III, ch. XXXV, n° XIV, p. 671.

se transporterait dans les lieux mêmes où elle doit opérer ou qu'elle est invitée à décrire.

Si on exclut le miracle, cette hypothèse n'est qu'une véritable plaisanterie. L'âme, unie, fixée au corps par une loi naturelle qui la domine, n'exerce ses facultés qu'avec le concours des organes. Privée de leur secours, elle ne peut ni voir, ni entendre, ni goûter, ni sentir. Comment, même dans l'hypothèse du transport, entrerait-elle en relation avec les objets ? Elle serait, vis-à-vis d'eux, dans la même situation qu'elle se trouve au lieu habituel de sa résidence envers les corps qui l'environnent, lorsqu'elle est privée de l'usage de ses sens ; elle n'éprouverait aucune impression, ne se rendrait compte de rien. C'est ce qui a lieu quand les sens sont paralysés.

Je sais bien que les partisans de ce système veulent que l'âme voie alors les objets en eux-mêmes, entre directement en rapport avec eux. Ils l'affirment, mais ils n'en donnent, comme toujours, d'autre preuve que leur affirmation. Il est vrai que ce genre de vision doit être celui de l'âme séparée du corps ; mais, ils ne devraient pas l'oublier, il s'agit de l'état de vie actuel. Concéder à l'âme, dans cette situation, les prérogatives des purs esprits, c'est sortir de l'ordre naturel et y introduire le miracle. — D'ailleurs, une pareille séparation serait la mort du corps, et on ne conçoit pas de quelle manière l'âme s'y prendrait pour y rentrer, s'unir de nouveau à toutes ses parties, le ressusciter en un mot. Enfin, pour des matérialistes, l'âme n'existe pas ; il n'y a que le corps et ses organes. Or le corps ne peut se séparer du corps ; il reste nécessairement où il est et ne peut agir que là. Ce sont les lois immuables de la physiologie : s'en écarter, pour justifier une théorie, est un aveu formel d'impuissance.

J'omets de parler d'une dernière supposition : elle ne me paraît pas sérieuse, quoique je l'aie entendue formuler sérieusement. L'âme ne se séparerait pas du corps ; mais, douée d'une sorte d'élasticité, elle pourrait s'étendre suffisamment pour atteindre les lieux et les objets, quelle que soit la distance qui les sépare d'elle. C'est tout simplement compliquer la difficulté d'une nouvelle impossibilité plus fantaisiste encore que les précédentes : aussi abandonne-t-on volontiers cette thèse pour celle de l'hyperesthésie.

e). — L'hyperidéation, nous l'avons vu, est la surexcitation d'une faculté de l'âme, de l'intelligence ; *l'hyperesthésie* est la surexcitation de toutes les facultés sensitives[1]. Elle communique à chacune d'elles une énergie inaccoutumée et la rend ainsi capable des phénomènes les plus extraordinaires, sans excepter ceux de seconde vue.

Encore une explication qui n'explique rien, si on se renferme dans le domaine de la nature. L'hyperesthésie explique fort bien les phénomènes qui se produisent dans la sphère des facultés mises en jeu, ou qui, pour se manifester, n'ont besoin que de facultés plus délicates, plus sensibles, plus aiguisées. Ainsi, un œil perçant distingue ce qu'un œil obtus ne voit que confusément ou ne voit pas du tout ; une ouïe plus fine entend des sons qu'une oreille paresseuse ne perçoit pas. Mais l'hyperesthésie ne saurait expliquer les phénomènes qui se réalisent en dehors de la sphère d'activité des facultés, nous dire comment un rayon lumineux peut arriver jusqu'à l'œil, malgré l'éloignement et les corps opaques interposés, ni de quelle manière un son, éteint par un trop long parcours, parviendra à ébranler le nerf auditif. Il y a là une nouvelle impossibilité physique. L'hyperesthésie n'est donc pas plus admissible que l'hyperidéation.

f). — Le fluide vital est une invention plus merveilleuse encore que les précédentes. On le nomme aujourd'hui *influx nerveux,* ou *force neurique.* C'est une substance plus subtile que tous les gaz, même que l'éther, une véritable force rayonnante dont le centre est dans le cerveau. C'est par lui que l'âme est en communication avec son propre corps, avec le monde extérieur, et que nos organes fonctionnent. Ce n'est pas, à proprement parler, par les sens, que l'on perçoit les objets extérieurs, mais par le fluide vital que le cerveau dirige vers eux au moyen des sens, fluide qui les

1. De Bonniot, *Le miracle et ses contrefaçons,* c. V, p. 230.

enveloppe comme d'une lumière et les rend sensibles. C'est ainsi que l'homme éveillé perçoit les objets, et c'est de la même manière que le magnétisé entre en rapport avec les mêmes objets. Le magnétiseur demande à son sujet, par exemple, ce que fait le Pape, à l'heure qu'il est[1], dans son palais du Vatican. Ce sujet dirige immédiatement son fluide sur le Vatican et la personne du Pape, les éclaire par ce jet lumineux, les voit et rend compte de tout ce qu'il y a dans ce lieu et de tout ce qui s'y passe. Pour produire cet étrange phénomène, le magnétiseur peut même renoncer au commandement par la parole ; la suggestion mentale suffit. Comme le sujet, par le moyen du fluide vital, lit dans son esprit, il suivra sa pensée partout où il lui plaira de la transporter. Il lui sera possible, sans aucun doute, de le faire voyager dans Saturne, ainsi que le Dr Garcin le rapporte d'une somnambule qui opéra ce voyage, et, par lui, de savoir ce qu'est cet astre, ce qu'il contient et ce qui s'y passe, s'il est habité ou inhabitable, etc.

Aux savants, quels qu'ils soient, qui proposent cette théorie, on pourrait, pour toute réfutation, se contenter d'appliquer le vers qu'un poète philosophe[2] appliquait à Malebranche :

Lui qui voit tout en Dieu, n'y voit pas qu'il est fou.

en donnant toutefois au mot Dieu le sens de fluide vital. Le système de Malebranche peut être faux, mais il est sublime. Ici, c'est l'absurde, quand on parle physiologie.

g). — D'autres préconisent une conception non moins extraordinaire, la théorie du *périsprit*. Ce serait une enveloppe semi-matérielle, inhérente à l'âme, qui lui servirait d'intermédiaire vis-à-vis du corps. Cette enveloppe ne l'abandonne jamais; elle la suivra même après la mort, en quelque lieu qu'elle réside. Er principe, ce n'est autre chose que la résurrection du médiateur plastique, inventé par quelques philosophes du dernier siècle[3], pour expliquer

1. Mérie, *loc. cit.*, l. II, c. III, n° IV. V. VI, p. 200.
2. Voltaire.
3. *Philosophie de Lyon*, tom. III, 2e partie, ch. V.

l'union du corps et de l'âme. Son plus clair résultat est de compliquer le mécanisme physiologique et d'embrouiller davantage la question.

Ce perisprit est sujet à plus d'inconvénients encore que l'union directe. D'abord on ne conçoit guère son utilité : l'âme peut aussi bien agir directement sur les organes des sens que sur cette enveloppe de même nature qu'eux. Ensuite cette enveloppe est matérielle, et comme telle, l'âme ne la transporterait pas plus facilement que le corps, auquel elle est unie, pendant la vie, par des liens indissolubles : ce n'est pas le corps qui suit l'âme, mais l'âme qui suit le corps, elle ne réside réellement que là où il est. On ne voit pas non plus comment, une fois sortie du corps avec l'âme, cette enveloppe pourrait y rentrer et s'y réintégrer avec elle. Enfin, dans cette hypothèse, la mort du corps serait aussi inévitable que lorsque l'âme se sépare de lui, au moment du trépas. Or, le corps étant mort, que deviendrait l'âme ? Lui accordera-t-on la puissance de ressusciter le corps ? Pour éviter le surnaturel divin, on créerait le miraculeux humain au profit de l'âme. C'est-à-dire que, pour résoudre une difficulté, on aurait recours à une impossibilité. Exposer pareil système c'est le condamner ; il n'est pas plus admissible que les précédents.

Mais, si aucun ne rend compte suffisamment du phénomène de la vue à distance, selon les lois de la nature, il s'ensuit que la lucidité somnambulique qui la produirait pendant l'hypnose est en dehors de ces lois.

3. *La pénétration de la pensée.* — Voici le problème : un magnétisé à l'état de somnambulisme peut-il lire, dans un autre cerveau, les pensées qui y sont produites ?

La question a un double aspect : ou elle concerne le magnétiseur, ou il s'agit d'une autre personne. Pour le magnétiseur, la question semble devoir être affirmative ; elle est, assure-t-on, expérimentalement résolue par le moyen de la suggestion mentale. « Un jour[1], raconte le Dr Lelut, de l'Institut, qui est un homme de science éminent, un docte ma-

1. Méric, *loc. cit.*, l. II, c. III, n° XVI, p. 830.

gnétiseur magnétisait une somnambule. « Éveillez-vous, lui
dit-il, éveillez-vous, je le veux! » En même temps, il se disait mentalement à lui-même, de toute la force de sa volonté : « Je ne veux pas qu'elle s'éveille ». — « Comment?
lui répond la somnambule, dans un accès de trouble et
de convulsion, vous me dites de m'éveiller et vous ne voulez pas que je m'éveille. » Et pour confirmer son sentiment,
le philosophe rapporte un grand nombre de faits, ceux
entre autres que nous avons signalés plus haut au paragraphe premier.

Les magnétiseurs de la Salpêtrière, M. Bernheim de
Nancy et les membres de la *Société anglaise de recherches
psychologiques* tiennent le même langage et croient pouvoir donner la raison physiologique de ce phénomène.
L'endormi magnétisé, par sa clairvoyance, peut pénétrer
dans le cerveau du magnétiseur et y surprendre les rapports inconscients de la pensée avec les vibrations des cel-
lules nerveuses et les modifications dans l'état de la physionomie. — Encore une explication qui n'explique rien ;
elle se réduit, en dernière analyse, à une affirmation gratuite. Cependant il est difficile de douter de la réalité d'un
fait qui a en sa faveur de si graves et si nombreux témoignages. Il n'est pas plus surprenant, du reste, que cet
autre, que nous avons rapporté, d'un ordre donné mentalement et à distance, et immédiatement exécuté par le
sujet. Mais mettons beaucoup de discrétion dans notre confiance !

La pénétration des pensées[1] d'une autre personne que le
magnétiseur est bien, elle aussi, donnée comme réelle,
mais elle n'est point aussi formellement affirmée. Admettons que le fait est certain, pour éviter d'inutiles citations
et une fastidieuse discussion : voici, en deux mots, notre
réponse. Pour le premier comme pour ce dernier cas, il
s'agit de l'ordre naturel, puisque les partisans du phénomène raisonnent dans cette hypothèse. Or, dans l'ordre naturel, les esprits ne communiquent entre eux que par l'in-

1. Méric, *loc. cit.*, p. 326 et 289 ; — de Bonniot, *loc. cit.*, p. 293.

termédiaire des sens ou signes extérieurs. Ces signes font-ils défaut, tout reste mystérieux pour nous dans le cerveau et le cœur de nos semblables. Donc, si les faits sont certains, un agent supérieur doit en être la cause dans les deux circonstances.

Ce n'est point l'avis du récent écrivain caché sous le pseudonyme de Skepto, ou sceptique. Se faisant l'écho de plusieurs savants, il a recours à la *parole intérieure* pour expliquer le phénomène. « La pensée[1], écrit-il, peut être définie : une sorte de parole intérieure, dans ce sens qu'il nous est impossible de formuler une seule pensée qui ne prenne instantanément la forme du langage. Toute pensée est une phrase que nous parlons intérieurement et que nous entendons au-dedans du cerveau : à tout le moins, la pensée est-elle inséparable d'une certaine vibration cérébrale qui tient de la nature du son. Si donc on suppose le sens de l'ouïe parvenu à un degré suffisant d'acuité, pourquoi ne percevrait-il pas ces vibrations acoustiques inséparables de la pensée, comme nous percevons le bruit des battements du cœur et des artères ? Pourquoi n'entendrait-il pas cette phrase cérébrale, cette parole intérieure qu'on appelle pensée ? Ce n'est qu'une question de finesse et de subtilité dans le sens de l'ouïe. » — On ne pouvait présenter cette théorie avec plus d'habileté et de souplesse de langage ; mais les plus merveilleuses qualités du style ne sauraient suppléer la vérité.

M. Skepto, comme les savants dont il a formulé l'opinion, fait professsion de n'admettre que ce qui est démontré par la science expérimentale : en dehors de cette expérience, tout est pour eux sans valeur. Or, où est, je le demande, l'expérimentation de ce phénomène merveilleux dont il nous décrit le mécanisme ? Elle est encore à faire. Tout, dans son exposition, est hypothétique ; rien n'est expérimental, et par là même scientifique ; c'est une contradiction qui s'ajoute à tant d'autres, pour donner à une cause désespérée une apparence de raison. Il affirme sans preuve, on peut nier

1. Skepto, *L'hypnotisme et les religions*, nᵒ V, p. 56.

de même ; et la question, après sa brillante exposition, reste tout aussi obscure, tout aussi indecise qu'auparavant, si on s'en tient à cet unique point de vue.

Il en est autrement, si on examine de près les diverses suppositions et affirmations que cet exposé renferme : on y découvre une erreur et une impossibilité manifestes.

C'est, en premier lieu, une erreur que la pensée soit parlée sensiblement dans l'intérieur du cerveau et qu'elle y produise ainsi une vibration sonore perceptible. Le cerveau est, en réalité, le siège de deux sortes de pensées: de pensées que l'âme ou sujet pensant veut produire extérieurement par un signe quelconque, voix ou geste ; et de pensées que le même sujet pensant se propose de conserver intérieurement, dans le sanctuaire intellectuel ou centre pensant. Dans le premier cas, la volonté met en mouvement les muscles devant produire le signe voulu, et elle les ébranle, soit par impulsion, soit par vibration, peu importe. Mais alors ce n'est ni la vibration, ni l'impulsion qui indique la pensée ; c'est le signe en usage, voix ou geste. D'ailleurs, cette première hypothèse est en dehors de la question qui nous occupe.

Le second cas est seul en cause : la pensée est entièrement intérieure ; il s'agit, par exemple, d'un problème de métaphysique ontologique ou de mathématiques transcendantes. Il n'y a alors ni muscle mû, ni fibre vibrante. Il est donc impossible à l'ouïe, même arrivée à une acuité inouïe, d'entendre ce qui n'existe pas.

Je sais bien que nos médecins matérialistes prétendent que le cerveau sécrète la pensée, comme le foie la bile. Ils le disent, c'est vrai ; mais ils n'en savent rien, et, en bonne logique, il ne peut leur être permis de recourir à une hypothèse insoluble pour résoudre une question non moins obscure. Soit, cependant: accordons les vibrations des fibres cérébrales, concédons même que la pensée est la résultante de ces vibrations, comme l'est une note harmonique de différentes parties d'un instrument, d'un violon par exemple. Ajoutons, en outre, que dans le cerveau, ainsi que dans le violon, se produit un son harmonique correspondant à la pensée, en voie de formation, et définitivement parlée par le verbe intime : on n'en sera pas plus avancé. Pour saisir cette pensée, il faudrait qu'il y eût un lien nécessaire entre elle et la vibration, et en outre que ce lien fût connu, en vertu d'une convention antérieure. C'est ce qui a lieu pour la parole et pour le geste : je comprends ce geste ou cette parole parce qu'il est convenu que tel signe ou telle parole signifie telle ou telle chose. Au contraire, je ne comprends pas une langue étrangère, je n'entends rien au langage mimé des sourds-muets, parce que la convention des signes comme des mots m'est inconnue, et que, pour moi, il n'existe aucun lien, même arbitraire, entre la pensée et les mots ou les signes qui l'expriment, quoiqu'ils soient parfaitement compris par les inities.

Ces deux conditions font absolument défaut : il n'existe aucun rapport, même de convenance, entre telle pensée et telle vibration ; et, d'autre part, il n'y a aucune entente préalable sur la signification à donner à cette vibration. Il est donc physiquement impossible de deviner, par ce moyen, la pensée d'une autre personne, à moins que les partisans de ce système — M. Skepto ne reculerait probablement pas devant cette extrémité — n'admettent que le langage intime de la pensée est produit avec les mêmes sons et les mêmes inflexions que le langage parlé. Ce serait le comble de l'extravagance scientifique. Je doute que non seulement des savants, mais des hommes doués de bon sens consentent à assumer la responsabilité d'une aussi folle assertion. J'en conclus donc, sans crainte d'être démenti par la vraie science, que la lecture des pensées d'autrui, au moyen de la vibration sonore des fibres cérébrales, est une chimère invoquée uniquement en désespoir de cause. M. Skepto, malgré sa confiance illimitée dans son argumentation, en est pour ses frais d'exposition savante et d'érudition.

4. Intuition des maladies intérieures. — Les somnambules de foire pratiquent, sur une large échelle, cette lucrative consultation : on sait avec quelle habileté, mais surtout avec quelle sincérité ! Si on met entre les mains d'une d'elles une mèche de cheveux fraîchement coupée, ou bien une lettre nouvellement écrite, un objet quelconque, elle s'en empare, les considère, les flaire, porte ou dit porter son esprit vers la personne presente ou absente, à laquelle ces reliques appartiennent, décrit l'organe souffrant, nomme le genre de maladie et en indique les remèdes[1].

De deux choses l'une : ou l'on est en présence du charlatanisme pur, ou l'existence du fait est certaine : dans le premier cas, il n'y a pas à s'en occuper scientifiquement, tant pis pour les dupes ; dans le second cas — ce second cas n'est pas rare, dit-on, et il est appuyé de tant et de si graves témoignages, qu'il paraît téméraire de le révoquer en doute, mais faisons toutes nos réserves ; — dans ce second cas, dis-je, il faut, pour expliquer rationnellement le phénomène, confesser l'intervention d'une cause préternaturelle. Un pareil savoir n'est pas dans l'ordre de la nature.

5. *La transposition des sens ; — la science infuse ; — la prévision de l'avenir*[2].

a) — Voir par l'ouïe, entendre par les yeux, goûter par le toucher et l'odorat est absolument opposé au fonctionnement normal des sens. Lire par le pied ou par l'épigastre est de même un phénomène en dehors des lois de la nature. Si des faits de ce genre étaient bien constatés, — quelques-uns l'affirment, — il faudrait encore les classer parmi les extranaturels. Aucune loi de l'organisme humain ne peut en rendre compte d'une manière satisfaisante. Tout en lui, au contraire, proteste contre cette attribution arbitraire. Chaque sens a sa fonction spéciale, et aucune expérience n'a démontré jusqu'ici qu'il la partage avec un autre. L'œil est bien un admirable instrument d'optique, mais il n'a rien de ce qui se rapporte à l'acoustique ou à l'odorat. Comment percevrait-il les sens, jugerait-il les odeurs ? C'est encore physiquement impossible.

b) — La science infuse et la prévision de l'avenir sont

1. Méric, *loc. cit.*, p. 291, 295 et suiv.
2. Fernand, *loc. cit.*, p. 43. — Méric, *loc. cit.*, p. 301. — Ribet, *loc. cit.*, t. III, p. 301.

deux phénomènes du même genre, et le second est toujours nécessairement lié au premier : la prévision de l'avenir, c'est-à-dire des futurs contingents, ou événements dépendants d'une cause libre, et souvent à longue échéance, étant une science que rien n'enseigne, elle n'existe pas, ou bien elle est infusée en entier dans l'intelligence du voyant. D'où vient-elle ? Ce n'est pas de la nature, puisque aucun signe, aucun indice ne désigne ni les événements encore dans le néant, ni la cause qui les doit produire. Elle ne peut venir que d'un agent supérieur auquel l'avenir n'est pas plus un mystère que le passé et le présent. Ou il faut nier ces deux phénomènes, ou bon gré mal gré on est debordé par le surnaturel. Nous reparlerons de cette science extranaturelle à l'occasion des possessions. En attendant, voici les conclusions qui nous semblent irrévocablement acquises.

Si beaucoup de faits, dans l'hypnose, peuvent s'expliquer par les lois de la nature, beaucoup aussi se refusent à entrer dans ce cadre. Quoiqu'indubitables, comme les premiers, il faut, pour les expliquer, recourir à un autre principe que la nature, à une cause extranaturelle. Je le sais bien, et nous l'avons déjà constaté, nos savants physiologistes ne sont pas embarrassés. Tout fiers qu'ils sont de leur savoir, ils préfèrent se dire ignorants plutôt que d'avouer le surnaturel. « On ne sait ce que peut la nature » : telle est la phrase sacramentelle admise en haut lieu, pour voiler la stupefaction ou plutôt le désarroi de la science deconcertée. Le vrai motif, la raison véritable, qu'ils n'osent point avouer, c'est la peur du surnaturel. Il est là, ils le sentent, ils le voient de leurs yeux, le touchent de leurs mains : et le courage leur manque pour confesser sa présence. On dirait que cette vue hypnotise leur intelligence, paralyse leur volonte. Derrière ce surnaturel, il y a Dieu, et de Dieu ils ne veulent à aucun prix.

Que la situation de leurs adversaires est plus rationnelle et plus honorable tout à la fois ! Au lieu de deserter honteusement l'exposition des phénomènes, ils les envisagent hardiment, se rendent compte de tous, sans chercher à tourner la difficulté. S'agit-il de faits purement naturels, ils ont, eux aussi, la physiologie pour les expliquer; est-il question, au contraire, de faits que la nature paraît impuissante à réaliser, le surnaturel est là pour donner la solution désirée. Il leur répugnerait, pour se tirer d'embarras, de recourir à une ignorance affectée, qu'aucune raison solide ne justifie. Ils envisagent les faits de front, sans crainte, les analysent et constatent si, entre l'effet et sa cause, il y a un rapport d'égalité. Ce rapport existe-t-il, ils se prononcent résolument en faveur de la nature. Mais si l'effet, au lieu d'être en proportion adéquate avec la puissance de la cause, dépasse cette puissance, ils ne balancent pas à faire intervenir un agent extérieur, supérieur à la nature, et déclarent hautement le phénomène préternaturel. De ce genre sont un grand nombre des phénomènes que nous venons d'exposer, surtout ceux de seconde vue, de vue à distance, de pénetration de la pensée des autres, etc.

Cette exposition leur est d'autant plus facile que, selon la foi, il existe un double surnaturel procédant, l'un d'une cause malsaine, l'autre d'un principe bienfaisant, le surnaturel divin et le surnaturel diabolique.

Il peut arriver, en effet, et il arrive que l'acte soumis à leur investigation laisse à désirer dans la moralité des circonstances qui l'accompagnent. Quelquefois cet acte manque de dignité, même de décence ; l'objet est vain, puéril, grossier, messéant, comme les convulsions de St-Médard ; une autre fois la mise en scène blesse les bonnes mœurs, favorise le vice ; dans un autre cas, c'est la vérité ou la justice qui ont à souffrir. Alors, c'est au principe mauvais, diabolique, qu'ils rapportent les faits. Lorsque, tout au contraire, et le fait et sa production sont dignes de la majesté de Dieu ; lorsque les actes n'ont d'autre but que de porter à la religion, d'inspirer la vertu; lorsque les diverses opérations vraiment merveilleuses interviennent en faveur de la vérité et de la justice, c'est au principe bienfaisant, à la cause divine, à Dieu ou à ses anges qu'ils en attribuent la gloire.

Au moyen de ces principes lumineux, il est toujours possible de distinguer l'œuvre de Dieu de l'œuvre du démon. Mais, dans les deux hypothèses, le préternaturel existe : il faut ou fermer systématiquement les yeux à la lumière, ou le confesser. Malheureusement, la passion sceptique domine souvent les esprits les plus éclairés, quelquefois les âmes droites ; et, dans ces conditions, elle les rend incapables de rendre hommage à la vérité et leur inspire une infatigable ardeur à la combattre.

IX. — L'EXTASE ET L'HYSTÉRIE.

Dans ce chapitre, nous parlerons seulement de l'extase et de ses annexes : la transfiguration, l'invulnérabilité, l'agilité ou impondérabilité.

L'extase, ou ravissement de l'âme en Dieu, évidemment n'est pas un phénomène hypnotique. Pourquoi donc en parler ici ? Parce que la science médicale rationaliste s'attaque surtout à elle et affiche hautement la prétention de la pouvoir classer dans la catégorie des faits hystérico-hypnotiques. Voyons si cet espoir a quelque chose de fondé, et, pour y parvenir sûrement, exposons les deux états d'hystérie et d'extase ; ensuite comparons-les entre eux.

Ce qu'on peut dire de plus général et de plus simple, au sujet de l'hystérie, c'est qu'elle peut se définir : *un affolement chronique du système nerveux*[1]. Les fonctions mentales de ces malades sont en effet universellement troublées, et, par dessus toutes les autres, celles de la volonté. Les hystériques, écrit le Dr Huchard[2], ne savent pas, elles ne peuvent pas, elles ne veulent pas vouloir. C'est une impuissance absolue vis-à-vis des divers penchants et affections de l'âme. M. Charles Richet[3] dit plus clairement : « L'hystérie, c'est l'impuissance de la volonté à réfréner les passions » ; elle en est absolument le jouet, la victime. Généralement, on la considère comme une maladie honteuse : ce n'est point cependant sa nature propre, car l'homme vertueux y est assujetti comme la femme vicieuse ; c'est sim-

1. De Bonniot, *loc. cit.*, ch. VIII, section I, p. 205, 206.
2. Huchard, *Caractères, mœurs, état mental des hystériques.*
3. Richet, *L'homme et l'intelligence* ; — De Bonniot, p. 207.

6

plement une névrose. « L'hystérie, dit encore M. Richet[1], est une maladie nerveuse qui n'est pas plus lubrique que les autres maladies nerveuses ; et, malgré l'effroi qu'elle cause à des personnes à demi instruites, nous pouvons dire hardiment que cet effroi n'est pas justifié. » Donc, soit dit en passant, il ne faudrait pas se scandaliser si un saint, et, plus encore, si une sainte était déclarée en avoir subi les atteintes.

D'autre part, l'extase peut se définir : une absorption intérieure de l'âme qui va jusqu'à interrompre dans le corps l'exercice des sens[2]. C'est la vie réfugiée dans le monde idéal. Toute à l'objet spirituel qui la fascine, l'âme déserte pour ainsi dire le corps, est inconsciente de ce qui se passe au dehors. — Ces définitions sont claires, assez précises pour donner une idée exacte de leur objet respectif ; nous les admettons pour comparer immédiatement les effets des deux affections.

I. *Les effets de l'hystérie.* — Dans l'affolement du système nerveux produit par l'hystérie, il faut distinguer deux états : l'un permanent, et l'autre de crise et passager. Il y a, dans l'un comme dans l'autre, des phénomènes caractéristiques soit de l'ordre mental, soit de l'ordre organique.

a). — Dans l'état permanent, les phénomènes propres de l'ordre mental sont[3] : 1° le trouble des fonctions mentales signalé par la définition précédente, à savoir : la volonté est tellement désorientée, qu'elle ne sait plus diriger l'esprit ; — l'intelligence est ordinairement obscurcie et, lors même qu'elle conserve un peu de lumière, elle manque de jugement, et pour l'ordinaire erre à l'aventure ; — la mémoire, si elle est sûre dans l'hypnose, disparaît après elle ; — l'imagination reste vive, si l'on veut, mais déréglée, vagabonde, sans direction.

2° Une mobilité extrême dans les facultés affectives. « Les hystériques, dit le Dr Huchard[4], passent d'un jour à

1. Richet, *loc. cit.*, p. 295.
2. Ribot, p. 575.
3. De Bonniot, *loc. cit.*, p. 302.
4. *Ibid.*, p. 297.

l'autre, d'une heure ou d'une minute à une autre, avec une incroyable rapidité, de la joie à la tristesse, du rire aux pleurs, sans motif sérieux... Ce qui a pu faire dire avec raison, par Sydenham, que ce qu'il y a de plus constant chez elles, c'est leur inconstance. »

3° La dissimulation[1]. Chez elles, elle est instinctive : « Elles ont un besoin invétéré et incessant de mentir sans cesse, sans objet, uniquement pour mentir, cela non seulement en paroles, mais encore en actions, par une sorte de mise en scène, où l'imagination joue le principal rôle, enfante les péripéties les plus inconcevables et se porte quelquefois aux extrémités les plus funestes. » — « Rien ne leur plaît plus, dit M. Charles Richet[2], que d'induire en erreur ceux qui les interrogent, de raconter des histoires absolument fausses, qui n'ont même pas l'excuse de la vraisemblance, d'énumérer tout ce qu'elles n'ont pas fait, comme tout ce qu'elles ont fait, avec un luxe incroyable de détails. Ces gros mensonges sont dits audacieusement, crûment, avec un sangfroid qui déconcerte. »

4° Un désir irrésistible[3] d'attirer l'attention. Rien ne leur coûte pour y parvenir : honneur, vérité, pudeur, elles sacrifient tout à ce penchant. Enfin un entêtement invincible[4] dans leurs manières, même les plus étranges.

Tels sont les phénomènes permanents de l'ordre mental constatés par les hypnotiseurs les plus autorisés. Voici ceux de l'ordre organique, d'après les mêmes auteurs.

Les désordres permanents de l'intelligence[5] et de la volonté ont, chez les hystériques confirmés, sinon leur expression, du moins comme leur prolongement dans les organes des sens et dans ceux du mouvement, dont les fonctions sont plus ou moins empêchées. Ordinairement, ils produisent la paralysie ou l'anesthésie. Cette perte de la sensibilité et du mouvement peut affecter successivement les

1. Tardieu, *Étude médico-légale sur la folie.*
2. Richet, *loc. cit.* — De Bonniot, p. 299.
3. De Bonniot, p. 301 et 305, où est cité M. Richet.
4. *Ibid.*, 300, 302.
5. Lebreton, *Des différentes variétés de la paralysie hystérique*; — De Bonniot, p. 307.

divers organes, un bras, une jambe, le larynx, l'œsophage ;
produire l'amaurose ou la surdité, des paralysies de la ves-
sie, des intestins, alternant avec des akinésies ; déterminer
le délire, des douleurs précordiales : dyspnée, gastralgie,
entéralgie. La durée est variable, elle oscille entre quelques
heures et plusieurs années. — Il est beaucoup d'autres
phénomènes, mais ceux-ci sont les principaux et les plus
ordinaires. Ils suffisent à notre but.

b). — Outre l'etat permanent de l'hystérie, il y a celui de
la crise[1]. Ce sont des accès qui se renouvellent plus ou
moins souvent, selon les sujets et les circonstances. La crise
a pourtant ce caractère régulier, que son cours est reglé,
soumis à des lois précises. Rien n'est livré au hasard.
« Chaque symptôme[2], quelque desordonne qu'il paraisse,
se manifeste à son heure, avec une régularité, une ponctualité surprenante. M. Charcot et ses élèves ont démontré
qu'à l'accès démoniaque (*sic*) il y avait trois périodes bien
caracterisées : la rigidité de tout le corps, les convulsions
et le delire. »

La première, selon le même docteur, est analogue à l'attaque d'épilepsie proprement dite, en présente tous les symptômes. « Brusquement, il y a perte de connaissance. Le
malade tombe par terre, les muscles se contractent, se rai-
dissent ; la face bleuit, le cou se gonfle ; les traits de la
figure font une grimace horrible ; les bras se fléchissent,
les poings se ferment ; quelques instants après, tous les
muscles sont animes de tremblements convulsifs...; enfin les muscles épuisés se relâchent: un sommeil complet, stupide, profond, succède à l'accès tétanique. » Le
mal eclate d'ordinaire dans la region abdominale, d'où un
corps solide, nommé *aura*, ou boule, semble se detacher
tout à coup, remonter jusqu'à la gorge, suffoquer et ôter
soudainement, dans une angoisse suprème, le sentiment
de la vie.

Le sommeil dure très peu, et quelques minutes à peine après
le début de l'attaque apparaît la seconde période. M. Charcot

1. De Bonniot, *loc. cit.*, 2ᵉ partie, VII, p. 312 et suiv.
2. Ch. Richet, *ibid.*, p. 817.

l'a nommée « clownisme »[1], à cause de ses rapports avec les tours de force des clowns. Elle est caractérisée par des agitations violentes, des contorsions grotesques et des postures désordonnées, des bonds prodigieux. Le corps se courbe en arc de cercle, de sorte qu'il ne repose que sur les pieds et la tête. La figure est grimaçante[2], quelquefois terrible, et les traits, tirés en tous sens, donnent une expression hideuse à la physionomie ; quelquefois le corps courbé roule sur lui-même. La malade entre en furie contre elle-même, se frappe, se déchire, s'en prend aussi aux personnes qui l'entourent, cherche à les blesser, pousse des hurlements de bête fauve.

La troisième[3], plus pacifique, n'a plus les attitudes bizarres, acrobatiques, mais elle semble plus merveilleuse ; elle s'accuse par la surexcitation intellectuelle, par des scènes étranges d'hallucination, de lucidité somnambulique. Ces hallucinations[4] sont tantôt gaies, tantôt religieuses et extatiques. « Celle-là, écrit M. Richet, se croise les bras et lève les yeux au ciel, dans une attitude de religieuse admiration, comme si elle voyait les nuages s'entr'ouvrir pour lui montrer des saints et des dieux. Cette autre parle à sa petite-fille, dont elle est éloignée depuis longtemps et à qui elle adresse les paroles les plus tendres. Celle-ci voit des animaux immondes, des lézards au bec rouge, aux yeux tout sanglants, des chauves-souris énormes ; et ses traits expriment une indicible horreur. »

Il est à remarquer que tout est fatal dans chacune de ces phases. Ni l'intelligence, ni la volonté n'interviennent pour déterminer ou diriger ces scènes étranges. Le sujet n'a aucune conscience de ce qui se passe en lui. C'est un automate qui subit toutes les impressions, tous les ébranlements des nerfs et leur obéit pendant toute la crise.

II. *Des effets de l'extase*. — Nous venons d'étudier les deux états de l'hystérie, l'état permanent et la crise.

1. Ribet, *loc. cit.*, t. III, ch. XXXI, n° 0, p. 383.
2. De Bonniot, *loc cit.*, p. 313. — M. P. Richer.
3. Ribet, *loc. cit.*
4. De Bonniot, *ibid.*, p. 314.

L'extase est-elle un phénomène de l'un ou de l'autre état ?
Examinons, ou plutôt comparons.

a). — L'état permanent de l'hystérie n'a rien qui ressemble à l'extase. En ce qui concerne l'ordre mental, l'hystérie produit : 1° Le trouble des fonctions mentales, surtout
de la volonté. — Eh bien ! qu'on lise l'histoire des saints
extatiques, de Ste Thérèse par exemple. de Ste Catherine
de Sienne, de Ste Chantal, de la B. Marguerite, de S. Ignace,
de S. François Xavier, et l'on trouvera chez eux une merveilleuse lucidité de l'intelligence et une harmonie parfaite
de la volonté avec le bien.

2° La mobilité dans les affections, les pensées, les sentiments. — Cette faiblesse est étrangère aux saints extatiques:
haine perpétuelle du mal, amour constant du bien, charité
ardente, culte de la pureté, de l'innocence, voilà leur vie.

3° La dissimulation. — Elle est inconnue chez les saints:
ils ont horreur du mensonge. La vérité est toujours sur
leurs lèvres, et la candeur est l'ornement habituel de leur
âme. Au lieu de chercher à tromper, ils détestent tout arti-
fice de langage, même lorsqu'il serait dans leur intérêt d'y
recourir : les actes des martyrs en font foi, ainsi que les situations difficiles où se sont trouvés tant d'autres saints.

4° La ténacité. — Rien, au contraire, de plus docile que
les privilégiés de la grâce. Dès que l'autorité a parlé, ils
se soumettent. Le renoncement à leur volonté propre est la
règle immuable de leur conduite. N'est-ce pas d'ailleurs la
vertu que leurs ennemis acharnés leur reprochent, l'aban-
don de leur libre arbitre entre les mains de leurs supérieurs?
le *tanquam baculus, tanquam cadaver* de S. Ignace ne
soulève-t-il pas encore tous les sarcasmes de la libre-pensée?

5° Le désir de paraître. — Personne n'ignore que les
saints n'ont rien plus à cœur que de cacher les faveurs célestes dont ils sont l'objet : être ignorés, méprisés, c'est la
plus ardente aspiration de leur âme ; quand ils révèlent les
dons de Dieu, ou bien quand ils reçoivent des honneurs et
des dignités, c'est qu'ils y sont forcés par l'obéissance.

Les phénomènes d'ordre mental de l'état permanent
d'hystérie n'ont donc rien de commun avec ceux de l'extase.

Il n'en est pas tout à fait de même, il est vrai, pour les fonctions organiques. En vertu de l'union du corps et de l'âme, l'extase, qui se passe tout entière dans l'âme qu'elle ravit, a une répercussion inévitable sur l'organisme et peut y produire des troubles fonctionnels analogues à ceux de l'hysterie : l'immobilité, l'insensibilité, la paralysie de quelque sens ou de tous les organes, entre autres de la vue, de l'ouïe, comme dans une névrose ordinaire. Mais ne l'oublions pas, ici, comme dans l'ordre mental, il s'agit d'un état permanent, et lorsque tous ces effets se manifestent chez une névrotique, ils constituent un desordre profond dans l'organisme[1], une grave infirmité, souvent mortelle.

Tel n'est pas le caractère de l'extase : elle est passagère ; ses effets sur l'organisme disparaissent avec elle ; les membres reprennent leur souplesse ordinaire, et les sens leur fonctionnement normal. Parfois cependant le divin phénomène laisse quelque trace extérieure, un peu de défaillance, une sorte de langueur, surtout lorsque les touches de la grâce ont été plus sensibles ; mais ces effets n'influent en aucune manière sur le moral, et l'esprit conserve sa lucidité. D'où je conclus que les phenomènes organiques de l'état permanent de l'hystérie n'ont rien non plus qui ressemble à ceux de l'extase.

b). — Nos adversaires seront-ils plus heureux en invoquant la similitude pour les phénomènes de la crise hystérique ? Ils l'espèrent : continuons notre comparaison à ce point de vue, pour savoir de quel côte se trouve la vérité.

La première phase de la crise hystérique est, nous l'avons constaté, une attaque d'épilepsie, precedée de la sensation singulière d'une boule en mouvement, dans le corps, pendant plusieurs heures, ou du clou à la tête, suivie de la perte de la connaissance, de la privation de l'usage des sens, et des troubles cephaliques avec mouvements divers.

L'invasion de l'extase[2] n'a rien qui ressemble à ce prélude hystérique : elle a lieu tout d'un coup, sans transition,

1. De Bonniot, *loc. cit.*, p. 826.
2. De Bonniot, *loc. cit.*, p. 825.

comme un éclair : ni boule, ni clou, ni mouvements désordonnés. Seulement, quelquefois elle est précédée et annoncée par une sorte de frémissement du corps qui n'est point accompagné de constriction épigastrique, de palpitations cardiaques, de laryngisme. La rigidité, l'immobilité du corps sont les seuls phénomènes qui se produisent, et c'est ordinairement dans le calme. L'âme, pendant qu'ils s'accomplissent, ne perd ni l'intelligence, ni le sentiment de sa propre personnalité.

La seconde période de la crise est plus dissemblable encore de l'extase. Ici les convulsions sont absentes et les tours de force du clownisme sont inconnus ; il n'y a ni contorsions, ni hurlements, ni fureur contre soi-même ou contre les autres. Il règne ici le calme le plus parfait.

La troisième, avons-nous dit, n'a plus les attitudes bizarres, acrobatiques : c'est le moment des hallucinations de toutes sortes. C'est aussi entre cette période et l'extase que l'on cherche à établir une assimilation. Mais les différences sautent derechef aux yeux et ne permettent pas cette confusion. La première est que cette troisième période de la crise suppose les deux autres[1] : une attaque épileptique d'abord, puis les affreuses convulsions dont il vient d'être question. Dans l'extase, rien de semblable ; elle est instantanée, sans phase préliminaire : l'épilepsie, les convulsions ne l'annoncent pas, ni ne l'accompagnent.

La seconde différence consiste en ce que l'hystérie, semblable à certaines maladies, présente des périodes intermittentes bien distinctes. Rien n'y est livré au hasard ; chaque symptôme, quelque désordonné qu'il paraisse[2], se manifeste à son heure, avec une régularité et une ponctualité surprenantes : « On dirait une machine compliquée mise en branle par une cause inconnue, et déroulant son jeu comme une horloge sa chaîne[3]. » L'extase n'est pas assujettie à cette évolution régulière : la variété la plus grande en est le caractère ; de telle sorte qu'on ne peut ranger ses phéno-

1. De Bonniot, p. 314.
2. *Ibid.*, 312.
3. M. Ch. Richet, p. 281.

mènes par catégories uniformes, en prévoir la succession ni le terme.

La troisième est que chaque hystérique a une hallucination qui lui est propre et qui revient la même à la fin de chacune des attaques. « Ce sont les mêmes personnages[1] qui apparaissent, dit M. Charles Richet, les mêmes scènes qui se reproduisent à toutes les attaques ; l'ordre dans lequel les hallucinations ont lieu n'est pas modifié ; et pour peu qu'on ait assisté à quelques accès subis par la même malade, on peut prévoir la fin de ses attaques par la nature de ses hallucinations. » Chez les extatiques, les scènes changent continuellement ; il n'y a de règle que l'extase. Ordinairement, rien ne se manifeste à l'extérieur ; tout se passe au plus intime de l'âme.

La quatrième est que l'hystérique divague, prononce des phrases incohérentes, sans ordre, sans suite, conformes à la mobilité de ses pensées, de ses sentiments[2]. Si l'extatique parle de l'objet de sa vision, elle le fait sciemment, avec suite. Ste Catherine de Sienne dictait même, dans ses ravissements, des traités entiers de la plus sublime doctrine. Quelquefois, il est vrai, il se produit, au moment même de l'extase, des cris, des soupirs, des larmes, des exclamations ; mais sans trouble, sans agitation convulsive.

La cinquième est que, dans la crise d'hystérie lucide ou hallucinatoire, l'accès passe, il ne reste généralement, dans la conscience, aucun souvenir de ce qui a eu lieu. La mémoire, au contraire, se conserve dans l'extase, elle est indestructible : témoin Ste Thérèse qui, ensuite, décrit admirablement les diverses phases de ses ravissements et les effets merveilleux produits dans son âme pendant ces états surnaturels ; témoin encore Ste Angèle de Foligno dictant au frère Arnould, au sortir de ses extases, ses sublimes visions, et ne pouvant jamais parvenir à rendre clairement ce qu'elle avait entendu.

Enfin, une dernière différence est l'amour du bien, un

1. De Bonniot, p. 314.
2. *Ibid.*, p. 317, 328. — Ribet, t. II, ch. XX, n° VIII, p. 390 et suiv.

élan généreux vers la vertu[1]. C'est un fait constaté que l'extase allume au cœur un ardent et insatiable amour, à ce point qu'on est disposé à tout braver, à tout sacrifier pour Dieu ; c'est l'héroïsme. L'hystérie, au contraire, détermine presque toujours l'énervement, l'hébêtement et la stupidité, souvent un violent penchant pour le vice, si elle ne va pas jusqu'à la folie.

C'en est assez pour rendre manifeste la différence qui existe entre l'extase et la troisième période de la crise hystérique. Comme, d'autre part, l'état permanent n'a aucune similitude avec elle, il s'ensuit que, pour tout esprit droit et honnête, il est impossible de les confondre.

III. — L'EXTASE ET SES ANNEXES. — A ces différences nombreuses que nous venons d'énumérer, il faut en ajouter une dernière, bien plus frappante encore : les faits miraculeux qui l'accompagnent et qui en sont les annexes ordinaires. Nous signalerons seulement les quatre suivantes : la transfiguration, l'invulnérabilité, l'impassibilité, l'agilité ou impondérabilité.

1. *La transfiguration.* — M. le Dr Richet, expérimentateur expert, auquel nous avons emprunté plus d'un trait, trace de la crise hystérique le portrait suivant : « A ce moment de leur accès démoniaque, les malades exécutent des bonds prodigieux ; la figure est grimaçante, quelquefois terrible ; les traits, tirés en tous sens, donnent une expression hideuse à la physionomie...; la malade entre en furie contre elle-même, elle cherche à se déchirer la figure, à s'arracher les cheveux, elle pousse des cris lamentables... ; en un mot, c'est une furie délirante. » Tel est le prélude obligé de l'hallucination extatique de l'hystérique. M. Richet continue : « C'est le moment où se dressent des hallucinations de toute sorte. Chaque fois qu'une image a surgi dans l'esprit, aussitôt les mouvements des membres, les traits de la physionomie, l'attitude générale du corps, tout se conforme à la nature de cette hallucination. Le plus habile acteur ne sera jamais en état de représenter l'effroi, la menace, la colère,

---

1. S. Thomas, *Sum. th.*, III, 9, 7, a. 2.

avec autant de véracité et de puissance que ces pauvres filles hystériques, qui se démènent agitées par un furieux et mobile délire...[1] »

Voilà l'état malheureux qu'on a le courage d'assimiler à l'extase. Quelle différence cependant entre les deux états ! Ordinairement, le visage de l'extatique devient ravissant de beauté, lumineux, et éblouit les regards. L'éclat en est souvent si brillant que, selon l'expression des témoins oculaires, il ressemble au soleil : ainsi apparurent S. Colombin de Sienne, Ste Speranza de Brenegalla, S. Dominique de Ste-Marie, Ida de Louvain. Les rayons partis de la personne de cette dernière se reflechissaient sur le mur de l'edifice où elle priait, et l'éclairaient. Pour rendre la différence plus frappante, opposons au portrait tracé par M. Richet celui que M. Lasserre nous fait de la jeune voyante de Lourdes, Bernadette Soubirous. « L'enfant alla s'agenouiller et prier au-dessous de la niche où serpentait la branche d'églantier. Quelques instants après, on vit son front s'illuminer et devenir rayonnant. Le sang pourtant ne se portait pas au visage ; au contraire, elle pâlissait legèrement, comme si la nature fléchissait quelque peu en presence de l'apparition qui se manifestait devant elle. Tous ses traits montaient, montaient, et entraient dans une région superieure, comme dans un pays de gloire, exprimant des sentiments et des choses qui ne sont point d'ici-bas. La bouche entr'ouverte était beante d'admiration et paraissait aspirer le Ciel. Les yeux fixes et bienheureux contemplaient une beauté invisible, qu'aucun autre regard n'apercevait, mais que tous sentaient présente, que tous, pour ainsi dire, voyaient par réverbération sur le visage de l'enfant. Cette pauvre petite paysanne, si vulgaire en l'état habituel, semblait ne pas appartenir à la terre. »

Un autre témoin oculaire, un philosophe qui, un des jours suivants, était venu se mêler à la foule pour rire et s'amuser, comme il le dit, a retracé le même portrait de l'enfant, au moment de la vision : « Elle tira son chapelet et com-

1. Ch. Richet, *L'homme et l'intelligence*, p. 281. — De Bonniot, p. 818.

mença à prier. Bientôt son regard parut recevoir une lumière
inconnue ; il devint fixe et s'arrêta émerveillé, ravi, radieux
de bonheur, sur l'ouverture du rocher... Devant la transfiguration de l'enfant, toutes mes préventions antérieures,
toutes mes objections philosophiques, toutes mes négations
préconçues tombèrent tout à coup. J'eus la certitude, j'eus
l'irrésistible intuition qu'un être mystérieux se trouvait là.
Bernadette n'était plus Bernadette ; c'était un ange du ciel
plongé dans d'innarrables ravissements. »

Qu'on rapproche ces portraits de celui que M. Richet
nous a tracé des hystériques de son maître, M. Charcot, et
qu'on affirme la ressemblance, si on l'ose. Peut-être objectera-t-on que les hypnotisées ne sont pas toutes la photographie des furies dépeintes par M. Richet, témoin cette
hypnotisée dont parlent MM. Bourneville et Regnard[1], « qui,
dès qu'on lui joint les mains, éprouve une pieuse émotion,
et qui, si on lui montre le ciel et lui suggère l'idée du paradis,
prend de suite l'attitude de l'extatique, voit la Ste Vierge,
les saints, Dieu lui-même ; prie, admire, décrit les objets, si
on le lui demande, et paraît heureuse de ses visions. » C'est
vrai, cette scène, avec toutes ses circonstances, peut être
provoquée, et l'a été, dit-on, à la Salpêtrière, sur Suzanne,
jeune hystérique de 18 ans. Mais il ne faut pas perdre de
vue que l'hypnose, par elle-même, n'inspire rien de tout
cela à la magnétisée ; que ses visions et ses rêves lui viennent du dehors, de son magnétiseur qui, maître absolu de
son imagination et de sa volonté, fait naître en elle les
images et les sensations qu'il lui plaît. Tout lui est imposé
par lui. Sans lui, elle ne verrait rien, elle ne sentirait rien,
elle n'éprouverait ni joie ni douleur. Il exerce sur elle le
même empire qu'un maître sur son élève, qu'il instruit et
auquel il transmet ses idées, ses sentiments. Autre est la
situation de Bernadette et des autres extatiques : personne
n'exerce sur elle une action ou une pression quelconque ;
tout vient d'elle, résulte de sa vision.

Au reste, un autre docteur, M. Dozous, qui était présent

1. De Bonniot, *loc. cit.*, p. 315-320. — *Iconographie* de MM. Bourneville et Regnard.

à l'apparition du 21 février et qui s'y tenait en observateur scientifique, a répondu pour nous : « Ce n'est là, dit-il, ni la catalepsie avec sa raideur, ni l'extase inconsciente des hallucinées — des hypnotisées par conséquent, — c'est un fait extraordinaire, d'un ordre tout à fait inconnu de la médecine. » Or je ne sache pas qu'un témoin des expériences de M. Charcot ou de M. Bernheim soit arrivé à une pareille conviction. Il y arrivera moins encore s'il envisage l'expérience médicale faite immédiatement par le même docteur Bozous : « Il prit le bras de l'enfant et lui tâta le pouls. Elle parut n'y faire aucune attention. Le pouls était parfaitement calme, régulier comme dans l'état ordinaire. — Il n'y a donc aucune excitation maladive, se dit-il, de plus en plus bouleversé par cet étrange spectacle. » On ne peut en dire autant des sujets soumis aux expériences de la Salpêtrière ou de Charenton[1]. La transfiguration est un privilège peu familier encore aux cliniques.

Mais il est une gloire plus noble et plus pure peut-être, du moins plus éclatante, que nos hypnotiseurs et savants rationalistes ont entrepris de ternir, la gloire de Jeanne d'Arc, l'héroïque et sainte Pucelle d'Orléans. Ils voudraient lui ravir la radieuse auréole qui, jusqu'à ce jour, a brillé sur son front. Un publiciste écrivait récemment à ce sujet[1] : « Je lisais, il y a quelques jours, dans un de ces journaux qui doivent donner, à l'étranger, une lamentable idée de notre Presse, que Jeanne d'Arc était une sainte laïque, la sainte de la Patrie. Cette laïcisation est assez extraordinaire, mais elle n'est rien à côté du commentaire qui l'accompagne. Je cite textuellement[2] :

« Nous nous rendons parfaitement compte aujourd'hui
» de l'état réel de Jeanne, par ces temps d'hypnotisme, de
» suggestion, d'expériences à la Salpêtrière, et de traite-
» ment scientifique de la névrose. Nous nous doutons bien
» que ses hallucinations dans le bois de Domremy, ses
» extases à la chapelle, ses prostrations dans la maison pa-

1. De Bernheim, loc. cit., ch. IV, p. 45 et suiv.
2. M. Dac, dans le feuilleton du journal Le Monde, 6 janvier 1890.

» ternelle, et aussi sa mission, étaient le résultat d'un tem-
» pérament maladif. »

« Je n'aurais pas cité ces blasphèmes émanant, après
tout, d'un journaliste sans autorité, s'ils n'étaient pas répétés
par des hommes d'une valeur réelle, et s'ils n'avaient réveillé en moi aucun souvenir. J'ai entendu, il y a quelques
années, un savant écrivain, un érudit éminent, parlant à
mon humble personne, me dire en réponse à ma croyance
absolue dans la mission divine de Jeanne d'Arc : « Mon-
» sieur, allons ensemble à la Salpêtrière ; nous y trouverons
» vingt Jeanne d'Arc. »

Telle est donc l'opinion de ces savants : Jeanne était une
hysterique du genre de celles que l'on soigne dans les cliniques ; toute sa sublime épopée est le résultat d'une névrose ! La réponse de M. Dac à cette sortie, inattendue de
la part d'un homme de mérite, contre la merveilleuse heroïne
dont s'enorgueillit toute la France, est péremptoire et topi-
que : « Eh bien ! j'accepte votre proposition. Et si nous
» trouvons là une femme qui nous rende l'Alsace et la
» Lorraine, je douterai, comme vous, de la mission de
» Jeanne d'Arc. » M. Dac ajoute, et il a raison, que quand
même une hysterique de Charenton conduirait, par impossible, nos soldats à la victoire, la surnaturalité de la mission
de Jeanne d'Arc n'en serait pas moins indubitable.

Si l'on compare, en effet, Jeanne aux névropathes de
M. Charcot, comme je viens de le faire pour Bernadette,
pour Ste Thérèse et pour d'autres, je ne découvre en elle aucun des symptômes habituels de l'hystérie. Le trouble
des fonctions mentales, qui en est le principal, est inconnu en elle : saine de corps et d'esprit, elle brille au
contraire par la lucidité de l'intelligence, la rectitude du jugement et la fermeté de la volonté : témoin ses communications avec Baudricourt et les chevaliers enrôlés sous sa
bannière ; les épreuves qu'elle subit devant le roi, à Chi-
non ; les interrogatoires auxquels la soumettent les docteurs, les cent questions ardues qu'ils lui posent et qu'elle
résout avec une merveilleuse facilité, n'ayant d'autre science
que la simplicité de sa foi, et sa confiance en ses Saintes ;

témoin enfin, dans les conseils de guerre, cette admirable sagesse qui étonne et subjugue d'aussi habiles capitaines que La Hire, Xaintrailles, Gaucourt, Dunois.

Au lieu de cette mobilité de sentiments qui est le trait caractéristique des névropathes, elle ne varie jamais dans son dessein : sauver la France et, pour y parvenir, délivrer Orléans et mener le roi à Reims. Sa piété est ardente et éclairée, sa vertu angélique. On le sait si bien, que sa seule présence inspire le respect et la pudeur aux soldats comme aux chefs. Que dirai-je enfin ? on a honte d'insister sur un pareil rapprochement : mais les hideuses phases de l'hystérie n'ont jamais troublé son organisme ; on ne connaissait pas l'hypnose de son temps ; et je ne vois en elle, partout et toujours, que l'expression de l'intelligence, de la sagesse et de la vertu. Quand M. Charcot nous présentera, parmi ses hystériques, hypnotisées ou suggestionnées, une vierge semblable à Jeanne, peut-être sentirons-nous ébranlée notre foi en la divinité de sa mission. Pour l'heure, nous nous contentons de plaindre les savants qui ont imaginé cette assimilation des merveilles de la vie de Jeanne d'Arc à l'hystérie et à l'hypnose.

2. *L'invulnérabilité.* — Parmi les agents naturels, le feu est le plus énergique ; or le feu lui-même respecte les favorisés de la grâce, et, parmi eux, les extatiques semblent particulièrement soustraits à la loi de la combustion. Au contraire, un épileptique, hystérique ou non, qui tombe dans le feu, peut être insensible à son action, mais il est inévitablement brûlé[1]. Ste Catherine de Sienne est sujette à cet accident ; pendant ses transports, elle reste plusieurs heures dans le brasier sans avoir aucun mal, sans même que ses vêtements soient endommagés. L'extase portait souvent S. Joseph de Cupertino vers le tabernacle, au milieu des cierges et des lampes allumées, et jamais le feu ne prit à ses vêtements. Un jour, la jeune Bernadette, en extase devant la Vierge, aux roches Massabielles, tenait en ses mains un cierge allumé. Comme il était très grand, elle l'avait appuyé

1. Ribet, *loc. cit.*, t. II, ch. XXXII, n° 10, p. 601.

par terre. « La Vierge lui apparut, écrit M. Lasserre[1], et voilà que, par un instinctif mouvement d'adoration, la Voyante, tombant en extase devant la beauté immaculée, éleva un peu les mains et les laissa reposer doucement, et sans y songer, sur le bout du cierge allumé. Et alors la flamme se mit à passer entre ses doigts légèrement entr'ouverts, et à s'élever au-dessus, oscillant çà et là suivant le faible souffle du vent. Bernadette pourtant demeurait immobile et abîmée dans la céleste contemplation, ne s'apercevant pas même du phénomène qui faisait autour d'elle la stupéfaction de la multitude. » Elle ne ressentit aucune douleur et n'éprouva aucune brûlure. Cet état pourtant, au témoignage du Dr Bouzous qui, dès le premier moment, avait tiré sa montre, dura un peu plus d'un quart d'heure. Et quand elle fut revenue à elle-même, un des spectateurs fit immédiatement la contre-épreuve ; il approcha le même cierge allumé des mains de l'enfant, aussitôt elle poussa un cri de douleur : « Ah ! monsieur, s'écria-t-elle, en retirant vivement la main ; vous me brûlez ! »

Pourquoi cette différence entre ces deux faits si rapprochés ? Le surnaturel était intervenu au premier moment : l'extase finie, le naturel avait succédé et repris ses droits. L'insensibilité se conçoit en effet dans l'état de surexcitation nerveuse ; elle existe chez les hystériques, même chez les simples hallucinés ; mais l'incombustibilité, qui l'expliquera en dehors du préternaturel ? Il est plus facile de nier les faits que de les interpréter d'une manière plausible. En toute hypothèse, nous recommandons cette expérience à M. Charcot, à M. Bernheim et à tous leurs adhérents, opérant, eux aussi, devant vingt mille spectateurs et plus peut-être. Et lorsqu'ils auront reproduit ce phénomène si simple, nous leur permettrons de comparer leurs hypnotisées à la Voyante de Lourdes.

Nous reviendrons, du reste, sur cette importante question, à l'occasion des phénomènes préternaturels religieux ; nous citerons des phénomènes d'impassibilité et d'invulnérabilité bien plus étonnants encore que ceux rapportés par

1. Lasserre, *loc. cit.*, l. V, n° IV, p. 202-203.

nos plus habiles hypnotiseurs. Ce sont les prodiges attribués aux Camisards des Cevennes et aux convulsionnaires de Saint-Medard. La vérite que nous venons d'exposer y ressortira plus eclatante encore. Pour le moment, les faits qui précèdent suffisent à notre but : montrer la différence bien tranchée qui existe, au point de vue de l'insensibilité, entre les phénomènes hypnotiques et les phenomènes religieux extatiques.

3. *L'impassibilité.* — A l'invulnérabilité, nous venons de le constater chez la jeune Bernadette, se joint ordinairement l'insensibilité. Je dis : ordinairement, car elle ne lui est pas nécessairement inhérente. L'une peut, à la rigueur, exister sans l'autre. Nous nous serions donc borné à l'épisode de Lourdes si le rationalisme, pour infirmer la merveilleuse impassibilité des martyrs, n'avait recours de nouveau à une prétendue analogie entre les prodiges extatiques et les phénomènes hypnotiques.

« Nul doute, écrit M. Maury[1], qu'elle (l'impassibilité) n'ait été, chez les premiers martyrs chrétiens, l'effet d'une surexcitation nerveuse excessive due à l'exaltation de leur croyance religieuse. » M. Skepto[2] tient un langage analogue pour le fond, mais plus accentué dans la forme ; c'est un cri de triomphe : « La science moderne a réduit tous les prétendus miracles des religions au rang de simples phénomènes nerveux. L'impassibilité des martyrs chrétiens, au milieu des plus affreux supplices, s'explique très aisement par l'extase hypnotique, où les jetait l'exaltation de leur foi religieuse. Ste Blandine était assise sur une chaise de fer rougie au feu, et chantait, ravie en esprit, tandis que ses chairs grésillaient et fumaient, repandant une odeur de viande brûlée. » Il rappelle ensuite le zèle des premiers chrétiens de l'Asie Mineure, se présentant d'eux-mêmes et en foule au martyre ; il cite les inévitables fakirs et autres sectaires orientaux, et il conclut en ces termes : « Ainsi, tous les miracles et les prodiges dont abondent non seulement la légende chretienne, mais encore l'histoire de toutes les

1. Maury, *Le sommeil et les rêves*, ch. XII, p. 299-300.
2. Skepto, *L'hypnotisme et les religions*, p. 12.

7

religions, et que l'on attribue tantôt à Dieu, tantôt au diable et aux sorciers, peuvent s'expliquer naturellement par des phénomènes nerveux et cérébraux dont on n'a pas su se rendre compte, pas même ceux qui les opéraient. »

M. Skepto qui, à ce qu'il paraît, se rend parfaitement compte de ces surprenants phénomènes, aurait bien fait de ne pas négliger de nous en donner l'explication scientifique. Cette explication, sous sa plume souple et hardie, nous aurait un peu mieux éclairés que son affirmation gratuite de l'intelligence actuelle de ces phénomènes nerveux et cérébraux dont se rendaient peu compte, aux siècles d'ignorance, les opérateurs eux-mêmes. La science, dont nos deux savants se donnent comme les oracles, devrait procéder ainsi. Pour imposer son enseignement, il ne saurait lui suffire d'affirmer, il lui faut donner des raisons. Il est facile de parler derviches, fakirs, extatiques hindous ; de mettre en scène les fanatiques pèlerins de Jagernaut se faisant écraser sous les roues du char de Vichnou : il l'est moins de nous prouver que les extatiques chrétiens ressemblent de tous points à ces exaltés, ou que ces derniers sont l'exacte photographie des premiers.

Et d'abord, où M. Skepto a-t-il découvert que les martyrs chrétiens ne ressentaient aucune douleur des atroces tourments qu'on leur faisait subir ? Les *Actes des martyrs*, seule relation authentique de ces scènes barbares, ne disent rien de semblable. Ils nous représentent, au contraire, ces martyrs de tout âge, de tout sexe, de toute condition, même de jeunes enfants, supportant vaillamment les plus cruelles tortures sans se plaindre, uniquement pour l'amour de Dieu. Ste Blandine était de ce nombre : son chant était un chant de triomphe inspiré par la charité, pourquoi en faire le produit inconscient d'une influence hypnotique ? S. Laurent, à demi consumé sur son gril, et, dans cet état, bravant la fureur impuissante de son tyran, était-il lui aussi hypnotisé et insensible ? Le sourire de la pitié serait la seule réponse qu'on lui adresserait, si M. Skepto osait l'affirmer: de même que si, rapportant la sublime réponse de Gatimozin à son ministre, couché comme lui sur des charbons

ardents et se plaignant de ses souffrances : « Suis-je moi-
même sur un lit de roses ? » ; si, dis-je, rappelant cette
fière attitude du courageux Mexicain, il l'attribuait à une
inspiration hypnotique ?

Mais, soyons généreux. Oui, il y a eu des saints qui, au
milieu des plus horribles tourments, jouissaient d'une paix
profonde ; pour qui le sang qui ruisselait de leur corps
déchiré, disloqué, était comme un bain rafraîchissant : telle
S. Augustin nous représente Ste Perpétue, dans l'arène de
Carthage. Grièvement blessée par une vache furieuse, elle
ne s'aperçoit de rien, ne souffre en aucune manière de ses
plaies, et demande quand on l'exposera aux bêtes. Elle est
impassible et joyeuse. La seule chose qui l'occupe est le
désordre de ses vêtements déchirés, et dont, par un sentiment de pudeur, elle rapproche les lambeaux pour couvrir
sa nudité. Quelle est la cause de cette insensibilité ? « Le ravissement en Dieu », répond S. Augustin. Nos naturalistes
répliquent en chœur : « l'extase hypnotique ! ». Qu'en sa-
vent-ils ? Ils ne sauraient le nier, l'extase mystique peut
tout aussi bien et mieux encore produire ce phénomène.
Ils ignorent : voilà toute leur science, la seule affirmation
qui leur soit rationnellement permise sur la cause du prodige. L'aveu en est humiliant : aussi, pour sortir de l'im-
passe où ils se trouvent engagés, et dissimuler cette erreur
scientifique, ont-ils recours aux analogies que nous avons
citées.

Mais, de deux choses l'une : ou les dévots hindous souffrent des excès de leur enthousiasme religieux, ou ils n'en
éprouvent aucun préjudice. S'ils souffrent, l'argument de
similitude croule par la base ; l'hypnotisme est hors de
cause, et le phénomène d'impassibilité hypnotique ne peut
plus être objecté aux martyrs chrétiens des premiers âges,
comme des âges suivants. Si, au contraire, ils n'endurent
aucune souffrance, il existe, à la vérité, une analogie à ce
point de vue ; mais il reste à déterminer la cause de l'insensibilité, dans un cas comme dans l'autre.

Elle n'est certainement pas naturelle. Pour qu'il fût permis de l'affirmer, il faudrait que la science eût clairement

démontré que l'auto-hypnotisation ou auto-suggestion produit ce phénomène ; et cette démonstration est encore à faire. Les anesthésiques ont bien la vertu d'éteindre la sensibilité ; la suggestion hypnotique imposée par un opérateur, nous l'avons vu, arrive au même résultat, au moyen de l'engourdissement morbide qu'elle détermine ; mais, encore une fois, aucun fait certain, indéniable, n'autorise à attribuer la même puissance à l'auto-hypnotisation. Si donc les dévots hindous se déchirent le corps, se percent avec des épées, se font broyer les membres sans souffrir, ces phénomènes, plus ou moins certifiés et contrôlés, résultent ou d'un entraînement et de pratiques répétées analogues à l'hypnotisation, ou d'une cause supérieure qui serait le préternaturel malsain diabolique, ainsi qu'il a été expliqué plus haut.

Mais pour les martyrs, si, dans leur ravissement, ils étaient impassibles, soit qu'on leur déchirât le corps avec des ongles de fer, soit qu'on leur broyât les membres par les ceps et les chevalets, c'est que le divin était intervenu pour rendre impuissantes les pointes de l. douleur. Le prodige était rare : généralement, la souffrance était ressentie. Mais, prodige plus admirable encore, renouvelé à chaque instant, elle était supportée avec un courage surhumain. Le doigt de Dieu apparaissait visiblement. L'analogie imaginée entre les martyrs et les hypnotisés n'a donc aucun fondement sérieux.

4. *L'agilité ou impondérabilité.* — La légèreté que l'extase communique aux corps de quelques extatiques, n'est pas moins merveilleuse que ce qui précède[1]. L'âme, attirée vers Dieu qui se manifeste à elle, attire avec elle le corps, qui s'élève souvent à de grandes hauteurs. Des milliers de spectateurs de tout âge, de tout sexe, de toute condition, savants et ignorants, ont été témoins de ces prodiges, qui durèrent des heures, des jours même[2]. Ainsi Dominique de Jésus-Marie, ravi en extase devant Philippe II, planait au-dessus de la terre, et paraissait tellement soustrait aux lois de la pesanteur que le souffle de la bouche

1. Ribet, *La mystique*, t. III.
2. De Bonniot, *loc. cit.*, 2e p., ch. VIII, sect. 2e, no 11, p. 33.

suffisait pour le mouvoir. Marie d'Agreda s'élevait également au-dessus de la terre pendant ses extases, et restait ainsi régulièrement pendant trois heures[1]. Ste Thérèse le dit admirablement d'elle-même : « Souvent mon corps en devenait si léger, qu'il n'avait plus de pesanteur ; quelquefois c'était à un tel point que je ne sentais plus mes pieds toucher la terre. » Aussi toute la communauté de l'Annonciation put-elle la contempler un jour ainsi en extase, en compagnie de S. Jean de la Croix.

Ces mêmes prodiges ont été constatés dans la personne d'une foule de saints[2]. Il ne s'agit donc pas d'un phénomène isolé, que l'on puisse révoquer en doute sous prétexte d'observation superficielle. Le nombre des faits, la multitude des témoins, leur intelligence et leurs vertus ne permettent pas de révoquer en doute ces prodiges.

On en conviendra maintenant, je l'espère : ces diverses circonstances de l'extase ne rappellent en rien celles de l'hystérie ou de l'hypnose ; elles ne sont par conséquent pas des effets morbides, ni physiologiques, ni même naturels. Les phénomènes de suggestion et de fascination que le Dr Charcot produit à volonté sur ses jeunes hystériques, à l'instar de beaucoup de magnétiseurs, ne présentent aucun élément pour expliquer comment un corps humain peut prendre l'éclat des astres, devenir invulnérable et impassible, ou perdre totalement sa pesanteur spécifique ; et l'assimilation des phénomènes extatiques aux phénomènes hystériques est donc une thèse fausse, insoutenable, au double point de vue de la crise et de l'état permanent de l'hystérie.

Nos rationalistes, médecins ou autres, n'en sont point déconcertés ; ils ont recours à une autre analogie : l'extase, disent-ils, est un effet de l'auto-hypnotisme ou auto-suggestion. Ce phénomène n'est autre chose que le sommeil et la suggestion hypnotiques provoqués chez un sujet par lui-même, sans intermédiaire.

La réalité du fait l'hypnotisation et suggestion d'un sujet par lui-même paraît incontestable : l'adversaire déclaré de

1. *Vie de Ste Thérèse*, ch. XX.
2. De Bonniot, p. 331-332.

l'hypnotisme naturel, le R. P. Franco[1], n'en doute pas, et il cite à l'appui des faits irrécusables : ainsi une malade qui se faisait souvent hypnotiser pour avoir quelque soulagement, decouvre un jour qu'elle peut s'hypnotiser elle-même, en fixant la pomme de cuivre jaune qui surmonte le pied de son lit, et n'a plus recours qu'à ce moyen. Braid[2] raconte qu'un M. Walker, essayant d'hypnotiser une personne, reste lui-même hypnotisé. Il parle aussi de deux personnes hypnotisees l'une par l'autre simultanément; il affirme que chacun peut s'hypnotiser soi-même, et il en expose la methode. Les fakirs, les jongleurs de l'Inde, nous l'avons deja signalé, les moines du mont Athos, arrivent au même but en regardant fixement le bout de leur nez ou toute autre partie de leur corps, même un objet imaginaire.

M. Binet[3], médecin de la Salpêtrière, partage cette conviction. C'est sur l'existence du phenomène qu'il s'appuie pour affirmer la naturalite des guérisons admises comme surnaturelles par l'Église : « Lorsqu'un croyant associe la divinité à son idée de guerison, il s'habitue à l'attendre subite et complète à l'occasion d'une manifestation religieuse; les choses se passent souvent ainsi » : en d'autres termes, le malade se suggestive de cette idée qui, à point nommé, opère son effet.

Mais c'est surtout chez l'extatique que l'auto-suggestion se produit. M. Maury[4] va nous exposer la doctrine rationaliste sur ce sujet important. Bérard, qu'il cite, définit l'extase : « Une exaltation vive de certaines idées qui absorbent tellement l'attention, que les sensations extérieures sont suspendues, les mouvements volontaires arrêtés, l'action vitale même souvent ralentie. » M. Maury, qui approuve cette définition comme représentant le mieux le phénomène, mais qui la trouve incomplète, ajoute : « A ne considérer que l'opération intellectuelle, on peut définir l'extase : un

1. Franco, *L'hypnotisme revenu à la mode,* ch. VII, p. 20.
2. Braid, *Neurypnologie,* p. 36, 37, 41.
3. Binet et Féré, *Le magnetisme animal,* p. 266. — Méric, *loc. cit.,* p. 123.
4. Maury, *Le sommeil et les rêves,* ch. X, p. 234 et suiv.

ravissement de l'esprit dans les images qu'il contemple et les idées dont il est préoccupé. »

C'est vrai, l'extase, quel que soit son principe, est cela et tout cela. Mais ce qui suit différencie profondément l'extase hallucinative de la véritable, ou extase mystique : « L'extase est une sorte d'entraînement de la pensée qui fait que l'esprit ne se possède plus et qu'il assiste à ses propres conceptions comme il ferait pour un tableau extérieur, pour des discours prononcés par autrui. Ainsi l'extatique croit voir et entendre, sentir ce que lui fournissent ses propres souvenirs ou ses propres idées. Et en cela, l'extatique est dans le même état que le rêveur...; ce qu'il s'imagine voir, entendre ou faire, lui apparaît comme la vie et la réalité. C'est une contemplation prolongée d'un objet ou d'une idée qui produit l'extase. » Il n'y a pas à en douter, selon la doctrine rationaliste, l'extase est une véritable auto-suggestion.

Cette conception de l'extase se dégagera plus clairement encore, si on a égard aux trois caractères principaux que M. Maury attribue à ce phénomène mystique et qui est tout à la fois un rêve, une maladie névrotique, une folie. D'où il suit qu'entre l'extase et la période hallucinatoire de l'hystérie il y a similitude parfaite. Écoutons-le : « L'extase constitue[1] un véritable rêve à l'état de veille... Cet état participe à la fois du somnambulisme et de l'état de l'homme qui rêve, en dormant d'un sommeil incomplet, où les sens lui transmettent des impressions qu'il fait intervenir dans son songe. » La maladie n'est pas moins certaine : « L'extase doit conséquemment, quelle qu'en soit la cause, être regardée comme un état morbide. » Cet état résulte d'une névrose : « Elle est un état spécial, résultant d'une affection nerveuse particulière qui offre une assez grande similitude avec la catalepsie, à laquelle elle s'associe le plus souvent. »

L'aliénation mentale est aussi peu douteuse : « Quand on voit les extases se produire surtout là où l'enseignement

1. Maury, loc. cit., p. 237-250.

religieux a eu pour conséquence d'imprimer aux esprits une direction mystique, il n'est pas permis de contester l'action du moral sur le physique dans l'apparition du phénomène en question. Mais, dans ce cas encore, l'organisme a sa part d'influence, car, une fois ébranlé et placé dans l'état qui prédispose à l'extase, il aide l'esprit à y entrer. Il arrive alors ce qui se produit pour l'aliénation mentale. Cette affection peut être déterminée par une forte émotion morale. Mais cela tient à ce que cette émotion s'est transmise au cerveau et au système nerveux, dont la perturbation réagit, à son tour, sur l'esprit. Pour que la folie et l'extase se manifestassent, il a toujours fallu que l'organisme ait présenté une délicatesse telle que l'émotion dont elle a senti le contre-coup l'ait lésé d'une manière profonde. » Et un peu plus bas : « Cet état diffère à peine de la folie. Elle (l'extase) doit être regardée comme un état morbide, moins prononcé sans doute que l'aliénation mentale. »

Selon ces appréciations, communes à toute l'école rationaliste, l'extase est bien le produit de l'esprit du sujet qui en est favorisé, et par là même une auto-suggestion. « Un extatique contemple un crucifix avec un vif sentiment d'amour; il s'absorbe dans cette contemplation, et, tout en continuant de voir l'image, il l'entend parler, il s'imagine qu'elle s'approche de lui, ou qu'un rayon lumineux s'en échappe pour lui percer le cœur. » Une pareille exposition est vraiment habile : prendre et énumérer toutes les circonstances des extases surnaturelles, puis affirmer que tout se passe dans l'imagination comme dans un rêve, selon les lois ordinaires de la nature, l'organisme cérébral et nerveux étant admirablement adapté à ce genre de phénomènes.

Heureusement, pour réfuter cette théorie fantaisiste il n'est pas nécessaire de recourir à des arguments bien compliqués; il suffit d'en appeler à la réalité des faits. Puisque l'auteur fait allusion, ici surtout, à Ste Thérèse, qu'il la considère avant, pendant et après l'extase, et qu'il la déclare, s'il l'ose, atteinte d'aliénation mentale, même de névrose et hallucinée. On peut sans crainte porter le défi à toute l'école naturaliste de trouver un esprit plus sain, plus

lumineux, plus maître de lui-même, d'une plus admirable
sérénité. Son intelligence touche au génie, et ses paroles,
ses œuvres dénotent une lucidité de raison qui n'a jamais
été dépassée. Ainsi se présentent, parmi les extatiques,
S. François d'Assise, spécialement mis en cause aussi
dans le passage que nous venons de citer, S. Ignace, S. Fran-
çois-Xavier : leur intelligence est supérieure, leur savoir
hors ligne, quel que soit l'instant où on les considère ; tous
ceux, en un mot, que nous avons cités au cours de cette
étude. Tout en eux proteste contre l'injurieuse assimilation
tentée par l'auteur.

Sans doute, ainsi que nous l'avons signalé, la nature flé-
chit quelquefois sous les impressions de la grâce, et il en
résulte chez quelques extatiques, comme il est arrivé pour
Ste Thérèse elle-même, une certaine langueur ; mais cet
affaiblissement du corps, cette débilitation de l'organisme
ne nuit ni aux lumières de la raison, ni à la vigueur de la
volonté, ni surtout à l'amour du bien et au zèle infatigable
pour la pratique de toutes les vertus. Quel contraste avec
les névrotiques de l'hypnose, qui ne sont maîtresses ni de
leur organisme, ni de leurs pensées, ni de leurs actes, et
dont la vertu n'est pas l'inséparable apanage !

L'auto-hypnotisation et l'auto-suggestion extatiques ne
sont donc qu'un rêve aventureux et hostile de la secte rationaliste et une arme impuissante contre la religion, le
surnaturel éclatant de toutes parts dans l'extase mystique.

X. — LE MIRACLE ET L'HYPNOSE.

I. — Le miracle, par sa nature, n'a rien de commun avec
l'hypnotisme. Il s'y rattache cependant par plusieurs points.
En voici la raison : à toutes les époques, et encore de notre
temps, les croyants ont eu recours, dans leurs maux, au surnaturel pour en obtenir la guérison. Dans ce but, ils prient
Dieu, la Sainte Vierge ou les saints, font des neuvaines,
des pèlerinages ; et un grand nombre sont convaincus d'avoir
obtenu leur guérison par ces actes religieux.

Les savants de nos jours, et principalement les médecins rationalistes, nient l'efficacité de cette cause surnaturelle, classent les effets qu'on lui attribue parmi les faits naturels, et déclarent hautement qu'ils sont dus à la suggestion et ne sont autre chose, en un mot, que des phénomènes hypnotiques ; et voici leur raisonnement. Les phénomènes d'hypnotisme et d'hystérie sont purement naturels ; or les miracles se rangent parmi ces phénomènes : qui le sait mieux que nous ? qui peut le savoir sûrement hors de chez nous ? Les miracles n'ont donc rien que de naturel, ne sont pas des miracles. C'est ce qui faisait dire à M. Charcot, à propos de la cessation subite d'une paralysie hystérique[1] : « C'est là un exemple de guérison miraculeuse qui en explique beaucoup d'autres. Rien de mieux établi que ces faits, dont, pour mon compte, j'ai été témoin plus d'une fois. »

Une évolution étrange, relativement aux guérisons miraculeuses, s'est accomplie de nos jours dans l'attitude de la science médicale rationaliste. Jusqu'ici elles n'étaient, à ses yeux, qu'erreur ou supercherie, crédulité de la superstition ou invention du fanatisme ; elles n'existaient pas ; le surnaturel était une pure chimère. Actuellement, la tactique est changée. Nos savants admettent les faits, mais ils les dépouillent de leur caractère miraculeux. « Les faits existent, écrit M. Bernheim[2], l'interprétation est erronée. »

Quelle puissance a pu opérer chez eux ce revirement inattendu ? Ils croient maintenant n'avoir plus d'intérêt à nier, du moment qu'ils pensent pouvoir classer les phénomènes supposés miraculeux parmi les faits physiologiques, et éliminer ainsi le surnaturel. L'imagination et la suggestion remplacent la foi et le divin. Ce n'est pas qu'ils soient ennemis de la religion, bien loin de là ; témoin M. Bernheim : « En relatant ces observations de guérisons authentiques obtenues à Lourdes, écrit-il, en essayant de les dépouiller de leur caractère miraculeux, en comparant à ce point de vue seul la suggestion religieuse avec la suggestion

1. Charcot, *Leçons sur les maladies du système nerveux*, t. 1, p. 350. — De Bonnlot, préface, p. VII.
2. Bernheim, *De la suggestion*, 2ᵉ partie, ch.I, p. 286.

hypnotique, je n'entends ni attaquer la foi religieuse, ni blesser le sentiment religieux..... Les convictions religieuses sont profondément respectables, et la vraie religion est au-dessus des erreurs humaines. » Ainsi, ils ne cherchent que la vérité, ils respectent la religion, ils sont loin de vouloir la combattre ; et cependant ils se proposent de ruiner une des bases principales sur lesquelles cette religion repose, le miracle le plus fréquent de tous, le miracle des guérisons.

D'autres n'ont pas même cette réserve de l'honorable praticien de Nancy, ou peut-être montrent plus de franchise. M. Binet, élève de M. Charcot, écrit hardiment[1] : « Ce mira-cle (il parle d'une guérison qui aurait eu lieu à la Salpê-trière pendant le mois de Marie) ce miracle, qu'on peut appeler expérimental..., explique les guérisons par l'impo-sition des mains, dont l'histoire sainte abonde. C'est la sug-gestion qui explique les succès de Mesmer, et les miracles accomplis autour de la tombe du diacre Pâris et, de nos jours, dans les fameuses grottes qui se trouvent situées du côté des Pyrénées... Il ne s'agit plus de nier ces miracles, mais d'en comprendre la genèse, d'apprendre à les imiter.»

Cette imitation est d'ailleurs chose facile : nos nouveaux thaumaturges ont à leur disposition des moyens infaillibles qu'ils manœuvrent avec dextérité : la suggestion et l'imagi-nation[2]. Ce sont les deux facteurs réels du miracle théra-peutique, aujourd'hui comme dans le passé. Ainsi parlent les princes de la science médicale.

Ajoutons, pour compléter ces notions de l'art thaumatur-gique, que la suggestion peut avoir lieu dans deux condi-tions différentes : pendant le sommeil hypnotique, ou à l'état de veille. La première, nous l'avons vu, nécessite toujours un intermédiaire ou opérateur. Dans la seconde, au contraire, le sujet peut ou recevoir la suggestion, ou se l'inculquer à lui-même, ou bien, ce qui est plus ordinaire, la subir des deux manières à la fois. « Les entrepreneurs de guérisons miraculeuses — cette exposition est de M. Binet, médecin

1. Méric, loc. cit., 1. III, ch. II, p. 890.
2. Bernheim, loc. cit., p. 278-279.

adjoint à la Salpêtrière[1], — inculquent graduellement l'idée que la maladie peut être guérie par une intervention surnaturelle ; le sujet s'en pénètre, se l'approprie : quelquefois la guérison s'effectue en conséquence de cette suggestion ou persuasion…, et le plus souvent à l'occasion d'une cérémonie religieuse. » On le voit, dans cette circonstance comme dans toute autre, c'est l'imagination qui est le principal facteur du prodige, quel qu'il soit en lui-même.

Nous ne nions pas certainement l'influence du moral sur le physique, de l'imagination sur le corps humain. Nous lui avons fait, au contraire, une large part, quand nous avons traité des phénomènes de seconde vue, surtout de l'hypéridéation. Pour ce motif, nous sommes loin de blâmer le médecin ou tout autre qui s'efforce d'inspirer aux malades une grande confiance dans l'efficacité des moyens employés pour obtenir l'amélioration de leur santé ou leur guérison, que ces moyens soient religieux ou pharmaceutiques. Nous nions seulement l'efficacité de l'imagination, ainsi que de la suggestion, pour guérir toutes sortes de maladies, comme nous avons nié sa puissance pour produire tous les phénomènes de seconde vue.

Sans doute, si toutes les maladies, comme l'habile tactique de M. Binet semble l'insinuer, étaient l'effet de l'imagination, je serais conciliant pour ce genre de thérapeutique. La cause qui fait peut défaire, et il suffirait d'exciter l'imagination pour obtenir la guérison de la maladie qu'elle aurait occasionnée. Mais l'assertion, que toutes les maladies dont l'humanité est affligée appartiennent à la catégorie des maladies imaginaires, ne saurait être prise au sérieux par M. Binet lui-même. Il le comprend si bien, qu'aussitôt après avoir glissé cette idée si peu scientifique, il divise les maladies en deux classes : les unes étant réelles, les autres imaginaires et sans aucun fondement sérieux. C'est à cette seconde classe qu'appartiendraient, à son avis, les guérisons miraculeuses de Lourdes et d'ailleurs.

M. Bernheim[2] varie un peu la note : l'imagination, si

1. Binet et Féré, *Le magnétisme animal*, p. 205.
2. Bernheim, *loc. cit.*, p. 270-281.

elle n'est pas la cause de toutes les maladies, est au moins la panacée universelle et perpétuelle pour les maladies nerveuses. Pour le prouver, il cite M. Charcot qui, faisant à sa clinique une conférence sur la coxalgie nerveuse, disait : « Nous savons, par les observations de divers auteurs, que ces arthralgies psychiques, soit d'origine traumatique, soit dépendant d'une autre cause, guérissent quelquefois tout à coup, à la suite d'une émotion vive ou d'une cérémonie religieuse frappant vivement l'imagination. » Il rapporte, à cette occasion, plusieurs faits qu'il donne comme authentiques, et auxquels il assimile les miracles de Lourdes.

II. — Les miracles de Lourdes cependant ne sont pas tous des guérisons d'affections nerveuses ; la plus grande partie résiste au contraire à ce classement. Il suffira d'en citer quelques-uns pour montrer combien l'esprit de généralisation, quelquefois d'après une ou deux expériences, est irrationnel. De ce nombre sont, parmi celles que rapporte M. Lasserre[1], les trois guérisons suivantes :

1º La presque résurrection du jeune Justin Bouhohorts agonisant, qui, plongé dans l'eau glacée de la piscine par sa mère, Croisine Ducouts, est rendu à la santé ; car, affirme dans son rapport M. le Dr Vergez, qui avait examiné le fait avec les docteurs Dozous et Peyrus, médecin de l'enfant, « un bain d'eau froide, au mois de février, d'une durée d'un quart d'heure, infligé à un enfant épuisé, agonisant, devait, d'après toutes les données théoriques et expérimentales de la science, amener une mort immédiate ».

2º La guérison du menuisier de Lavaur qui, atteint depuis trente ans d'affreuses varices ulcérées, au point non seulement de lui interdire tout travail, mais d'empêcher la marche, fut guéri par une lotion pratiquée le soir avec de l'eau de la grotte, et si bien guéri qu'à son reveil tout avait disparu, les nodosités, les ulcères, les varices même ; les veines avaient repris leur proportion normale. Sous le regard comme sous la main, la peau était lisse et unie. Les médecins qui avaient soigné l'infortuné constatèrent le changement sur-

1. Lasserre, *Histoire de N. D. de Lourdes*, t. IV, nº VIII, p. 171-179.

venu et ne purent s'empêcher de l'attribuer à une influence
surnaturelle.

M. Skepto conteste cette surnaturalité : il n'y voit qu'un
effet produit par l'influence de l'imagination surexcitée par
la foi : « L'intervention de l'imagination est d'ailleurs évidente dans le cas de Macary, comme dans tous les autres
épisodes miraculeux de M. Lasserre. Macary est tellement
persuadé qu'il va être guéri par l'eau de Lourdes que, avant
de l'employer, il jette aux ordures les linges, les bandes et
la peau de chien dont il entourait habituellement ses jambes. Là-dessus il s'endort, et se réveille le lendemain guéri[1]. »
Tout est vrai dans ce résumé ; les appréciations seules sont
fausses. L'imagination, nous venons de le voir, peut guérir
les maladies imaginaires, les névroses ; mais où M. Skepto
a-t-il trouvé qu'elle guérit les lésions organiques, les ulcères
invétérés, les plaies reconnues incurables ? C'est facile, pour
se débarrasser d'un cas compromettant, de mettre l'influence
de l'imagination en avant. La citation d'un fait de ce genre,
authentique, eût mieux prouvé sa thèse : il se garde d'en
invoquer même un seul. Nous avons, à la place, une simple
affirmation, comme toujours ; encore est-elle timide. Ce
n'est plus la science qu'il invoque, quoiqu'il parle en son
nom, mais l'ignorance de cette science ; elle ne sait ce dont
la nature est capable : « personne ne pouvant dire quelles
sont les limites de la nature, ni comment elle opère la guérison des maladies, ni quel sera jamais le dernier mot de la
science médicale ». S'il en est ainsi, que la science garde
le silence ; qu'elle n'approuve ni ne désapprouve le surnaturel, puisqu'elle ignore la cause réelle des phénomènes.
En bonne logique, elle n'a pas d'autre parti à prendre.

Mais est-il bien vrai que la science ignore ? Cet aveu
d'impuissance, humiliant et désespéré, ne serait-il pas plutôt un stratagème habile destiné à masquer une défaite ? Je
le crois, du moins en ce qui concerne M. Skepto, qui sent
le terrain se dérober sous ses pieds à mesure qu'il examine
la guérison de Macary.

1. *L'hypnotisme et les religions*, ch. VII, p. 110.

En effet, à défaut de science technique, il y a la science expérimentale ; et cette science donne la solution véritable du problème. Selon cette science, la plus sûre de toutes, les plaies profondes et invétérées qui durant trente ans ont résisté à toutes les médications, même les plus énergiques, ne guérissent pas en un instant par l'influence d'une eau ordinaire et sans vertu curative. L'imagination, le désir de les voir disparaître, la pensée vive qu'elles disparaîtront, n'ont pas plus d'efficacité que cette eau elle-même, qu'elles en accompagnent ou non l'usage. Les plaies sont incurables, ainsi que les trois médecins qui ont donné leurs soins au malade l'ont constaté et déclaré ; et la simple persuasion qu'on va en être debarrassé ne suffit pas pour les faire disparaître, quelque forte que soit cette persuasion.

M. Skepto le comprend, et alors il cherche à reconquérir le terrain perdu, en raisonnant sur d'insignifiantes difficultés de détail. Il objecte d'abord que la guérison a été incomplète ; mais cela est faux, car les trois médecins ont déclaré le contraire, après inspection des plaies: « L'ulcère, écrit M. Bernet[1], est parfaitement cicatrisé...; aucun appareil ne comprime la jambe, et pourtant il n'existe pas l'ombre d'un engorgement. Ce qui nous frappe surtout, c'est que les paquets variqueux ont entièrement disparu. » M. Rossignol affirme de même : « que ces varices avec nodosités énormes, se compliquant fréquemment de larges ulcères, ont disparu tout à coup ». M. Ségur ajoute : « De ces varices, qui étaient de la grosseur du doigt et entremêlées de cordons noueux et fluxueux très développés..., je n'ai pu apercevoir que quelques traces. »

— Donc, réplique M. Skepto, les trois augures de Lavaur avouent que toutes traces de varices n'avaient pas disparu : « A la place de paquets variqueux, dit M. Bernet, il reste des cordons petits, durs, vides de sang, et coulant sous les doigts. » — C'est vrai ; mais ces traces n'empêchent pas la guérison d'être complète et le miracle entier, quoi qu'en dise, à son tour, l'augure Skepto. La preuve, c'est que les

---

1. Lasserre, *loc. cit.*, appendice des pièces justificatives.

plaies et les ulcères n'existent plus, que les jambes ont repris leur fonctionnement habituel et que toute douleur est éteinte. N'est-ce pas là, comme l'observe M. Bernet, le signe d'une cure radicale ?

Soit, cette cure, la science est impuissante à l'expliquer, elle la déclare même impossible ; et de fait, ainsi que l'observe M. Bernet, « les auteurs ne citent aucune observation semblable ou analogue. Ils sont tous d'accord sur ces points, que les varices abandonnées à elles-mêmes sont incurables ; qu'elles vont, au contraire, sans cesse s'aggravant ». Mais cette impuissance de la science et cette unanimité des auteurs à la reconnaître n'infirment en rien la vérité de la guérison ; elles ne font que la rendre plus extraordinaire et justifient pleinement la conclusion qui termine le certificat du docteur : « Ainsi le fait affirmé par Macary ne serait pas prouvé par des témoignages authentiques pris en dehors de lui, qu'il ne resterait pas moins pour nous un fait des plus extraordinaires, et, tranchons le mot, un fait surnaturel. »

— « Pourquoi alors des traces de varices ? Elles se conçoivent avec l'action du cerveau, qui s'arrête nécessairement à certaines limites, mais elles ne se conçoivent pas avec l'action de la puissance divine, qui est sans bornes. Cette puissance aurait pu tout aussi bien faire circuler de nouveau le sang dans les veines et enlever complètement les nodosités et la dureté du tissu veineux [1]. »

— Nous sommes parfaitement d'accord sur ce point avec l'auteur : rien n'est plus vrai, la puissance divine pouvait faire disparaître jusqu'à la moindre trace du mal. Si elle ne l'a pas fait, ce n'est pas un motif pour nier ce qu'elle a fait. Nous ne savons pas quel a été précisément le dessein de Dieu ; mais nous n'avons pas à pénétrer ses vues, nous devons seulement constater ses œuvres.

M. Skepto objecte enfin, en désespoir de cause, « que M. Bernet reconnaît que si l'ulcère de la jambe est cicatrisé, c'est après deux ans de repos absolu et prolongé au lit, avec application de pansements méthodiques ».

<hr/>

1. Skepto, *L'hypnotisme*, etc., p. 110.

D'abord M. Bernet[3] ne parle nullement en ce sens. Il
conseille bien les pansements méthodiques et le repos absolu
et prolongé au lit, mais, en même temps, il ne cache pas
au malade la gravité de sa position, « il lui confirme son
premier pronostic d'il y a 18 ans: qu'il était voué à une
infirmité perpétuelle ». Il ne le trompait pas. Les palliatifs
prescrits pour amener l'ulcère à la cicatrisation n'avaient
produit aucun effet: l'état du malade qui, à l'époque de la
guérison, ne pouvait ni marcher, ni agir, qui souffrait hor-
riblement, en est la preuve irrécusable. Loin donc d'infirmer le prodige, cette médication prolongée et impuissante
le rend plus saillant.

L'argumentation de M. Skepto tombe d'elle-même devant
l'examen sérieux des circonstances, et le rôle fantaisiste
de l'imagination dans la cure du menuisier de Lavaur apparaît dans toute son inanité.

3° Lorsque parut, en 1873, la *Philosophie positive* de
M. Littré, ouvrage où il prétendait expliquer naturellement et rendre ainsi à la certitude historique quelques-uns
des miracles opérés au tombeau de St-Louis, le R. P. de
Bonniot, comme nous l'avons vu au paragraphe V, n° 1,
envoya au célèbre incrédule le procès-verbal authentique
de la guérison d'une sourde-muette, obtenue à Lourdes, et
en reçut la réponse que nous savons. M. Littré répondait à
la question par la question elle-même ; il affirmait comme
certain ce qui était à démontrer. Il ne discutait même pas,
il s'abstenait.

Cette abstention était bien peu philosophique. Un vrai
philosophe, un savant ami de la lumière aurait saisi avec
empressement une occasion aussi favorable. Il aurait examiné consciencieusement le phénomène, résolu à admettre
l'extranaturel si son existence était démontrée. La guérison d'un sourd-muet de naissance est en effet une cure
extraordinaire, un prodige de premier ordre. Il ne peut y
être question ni de névrose, ni d'affection résultant d'infirmité ou de maladie. Il y a vice de conformation organique,
et ce vice résiste à tous les efforts de la science, et plus

3. Bernet, certificat.

8

encore à l'influence de l'imagination. Un magnifique et intéressant sujet d'étude s'offrait donc à l'investigation du savant. Mais le savant était doublé ici d'un sectaire positiviste. Or le positiviste était contraint, pour être conséquent avec lui-même, de nier le surnaturel *a priori*, et, esclave de ce parti-pris irrationnel, il préférait ne pas examiner. Ce parti-pris, aussi peu honorable que peu scientifique, démontre surtout combien la théorie de l'imagination est peu fondée, même aux yeux de ses adeptes.

III. — L'exposition de ces trois guérisons, choisies parmi tant d'autres faciles à citer, montre clairement le motif intéressé qui a porté M. Bernheim, plus habile et par là même plus réservé que M. Skepto, à négliger ces faits éclatants et à en choisir d'autres moins saillants pour point de comparaison avec ses phénomènes thaumato-hypnotiques. Par cet adroit stratagème, il confirme, du même coup, sa puissance thaumaturgique et infirme celle de Notre-Dame de Lourdes. Vain subterfuge! Les faits éliminés sont là pour protester contre l'assimilation, quand même d'autres sembleraient favoriser la tentative. Mais, pour rendre la différence plus sensible, suivons le docteur dans l'exposition des succès prodigieux de sa merveilleuse thérapeutique, comparés aux miracles de Lourdes.

La première guérison qu'il cite est celle de Catherine Latapie-Chouat, en 1856. Une chute produit une luxation au bras droit, et surtout à la main. La réduction, opérée avec succès, laisse le pouce, l'index et le médius absolument recourbés, en dépit des soins les plus intelligents, sans qu'il soit possible de les redresser ou de leur faire faire un mouvement. Elle va, un matin, prier à la roche Massabielle, plonge sa main dans l'eau merveilleuse et est instantanément guérie. Miracle! disent les croyants; effet de l'imagination! répond M. Bernheim. Pour le prouver, il renvoie à ses observations, où une contracture de la main, même d'origine organique, entretenue par une modalité fonctionnelle nerveuse, a été instantanément guérie par la suggestion hypnotique[1].

1. Bernheim, *De la suggestion*, p. 282 et suiv.

Pour rester dans la vérité, le docteur n'aurait pas dû se servir du terme « instantanément ». Les exemples analogues auxquels il renvoie sont ceux des observations 1, 2, 3 et 4. Or, pour effectuer ce qu'il appelle une guérison « instantanée », il a fallu des jours, des semaines, des mois ; et pour celle de l'observation 1, trois ans. L'instantanéité affirmée[1] en vue de faire échec à la guérison de Lourdes n'a donc pas existé pour ces cures. De plus, la guérison n'a jamais été complète : il restait toujours quelque chose de l'infirmité. En outre, pour les infirmes de la 1re et de la 2e observation, l'aimantation a été employée à diverses reprises. Enfin, l'hypnotisation a été répétée très souvent. Cette médication longue et laborieuse ressemble bien peu à la guérison si prompte et si complète de Catherine Latapie-Chouat.

La seconde[2] est celle de Marie Lanou-Domengé, âgée de 84 ans, atteinte depuis trois ans, dans le côté gauche, d'une paralysie incomplète, et ne pouvant faire un pas sans un secours étranger. Un jour, elle fait un signe de croix avec de l'eau de Lourdes, puis boit le contenu du verre, où elle a plongé ses doigts, et elle est guérie, elle marche comme si elle n'avait jamais été malade.

A cette guérison, M. Bernheim oppose celle d'une vieille femme qui ne pouvait, depuis deux mois, se tenir debout, et qui marcha après deux séances de suggestion hypnotique. En lisant cet exposé, on serait tenté de croire à un miracle analogue dans les deux cas. Je lis la relation de cette cure dans la 52e observation. La dissemblance est des plus accentuées. Pour Marie Lanou, la guérison est encore instantanée ; pour la malade de M. Bernheim, trois séances de sommeil hypnotique sont nécessaires, et encore la guérison laisse à désirer, et il faut de temps en temps recourir de nouveau à l'hypnotisation pour maintenir l'amélioration ; chez Marie Lanou, le mal dure depuis trois ans, dans l'autre cas il n'a que deux mois d'existence ; ici enfin, une mé-

1. Bernheim, *loc. cit.* p. 328.
2. Lasserre, liv. VI, p. 263. — Bernheim, p. 283.

dication en règle et laborieuse ; là, un simple acte de foi. Vraiment, la citation n'est pas heureuse.

La troisième concerne l'enfant Tambourné, âgé de cinq ans[1]. Il présentait, d'après le rapport des médecins, les symptômes d'une coxalgie au premier degré. Porté à la grotte par sa mère, il est baigné dans l'eau de la source et guérit à l'instant. Seulement, pendant le bain, il tombe dans un état extatique et s'écrie : « Je vois le bon Dieu et la Sainte-Vierge... Mère, mon mal est parti. » Il resta guéri.

Qu'oppose M. Bernheim à ce prodige ? Une vague affirmation de M. Charcot « disant à ses élèves, au cours d'une conférence sur la coxalgie nerveuse : « Nous savons, par les observations de divers auteurs, que ces arthralgies psychiques, soit d'origine traumatique, soit dépendant d'une autre cause, guérissent quelquefois tout à coup à la suite d'une émotion vive ou d'une cérémonie religieuse — voilà le bout de l'oreille — frappant vivement l'imagination ». C'est tout. Ces Messieurs se citent les uns les autres ; il faut les croire sur parole. J'avoue que je n'y suis pas disposé, et d'autant moins que ni M. Charcot, ni M. Bernheim, qui invoque son autorité et son témoignage, n'ont vu ces merveilles. « Nous savons, dit M. Charcot, par les observations de divers auteurs... » On désirerait davantage pour infirmer un miracle authentique. Malgré le savoir incontestable de ces docteurs, l'esprit sceptique, hostile au surnaturel, qui les domine, rend, à juste titre, leur jugement suspect.

La quatrième est identique à la deuxième. Les doigts de Mme Massot-Bordenave, d'Arras, étaient dans la demi-flexion ; elle se lave les pieds et les mains dans l'eau de la grotte, et elle est guérie de son infirmité des pieds et des mains, guérie instantanément, sans qu'il reste trace de la paralysie.

Comme le docteur n'oppose à ce miracle aucun prodige analogue, nous nous contenterons de renvoyer à nos observations précédentes, appuyant sur l'instantanéité de la guérison et sur la disparition de toute trace de mal.

La cinquième a pour sujet Mlle Marie Moreau, âgée de

1. Lasserre, t. VIII, p. 347. — Bernheim, p. 233.

seize ans, « atteinte en 1858 d'une amaurose. L'un des yeux paraissait tout à fait perdu, l'autre était très malade ; toutes les médications avaient échoué. Une neuvaine fut commencée le 8 octobre. Le soir, à dix heures, la jeune fille imbiba de l'eau de Lourdes un bandeau de toile et le plaça sur ses yeux. Le lendemain, à son reveil, quand elle enleva le bandeau, l'œil malade avait recouvré la santé, l'œil mort était ressuscité.

Pour infirmer la valeur de cette guérison, M. Bernheim se contente d'écrire : « On sait qu'il existe des amblyopies et des amauroses complètes, de nature hystérique, même en dehors des attaques hystériques. On verra, dans nos observations, des amblyopies rapidement guéries par l'application d'un aimant ou par la suggestion. » Mais d'abord, pour qu'il y eût parité entre ces faits, il faudrait qu'il fût prouvé que Mlle Marie Moreau était hystérique, ou que son mal était de nature hystérique. Or, soit dans le récit de M. Lasserre, soit dans l'attestation du médecin oculiste qui a constaté la guérison, il n'y a pas un mot qui y fasse allusion, ce qui est grave dans la question. — Ensuite M. Bernheim aurait dû observer que l'infirmité avait été déclarée incurable par M. Bermont, de Bordeaux, le même médecin spécialiste pour les maladies d'yeux, et en ces termes : « Le mal est très grave ; l'un des yeux est tout à fait perdu, et l'autre bien malade ». M. Bernheim se garde bien de le faire ; il écrit au contraire : « que l'un des yeux paraissait tout à fait perdu », ce qui est bien différent. Le verdict de M. Bermont tranche clairement la question et coupe court à toutes les subtilités scientifiques ; le terme équivoque de M. Bernheim ouvre la porte aux subterfuges, et le docteur en use largement. — En outre, selon sa théorie, c'est l'imagination, surexcitée par une foi vive, qui opère les guérisons. Or la jeune Marie Moreau, quoique son père croie ardemment, n'a qu'une confiance très limitée, bien peu propre, par là même, à la suggestion. — Enfin, les guérisons que M. Bernheim expose, observations 11 et 13, exigent, comme les précédentes, une médication compliquée ; il faut joindre à l'hypnotisation l'influence de l'aimant, même de l'électricité ; tandis que pour Mlle Moreau une simple compresse imbibée dans l'eau de Lourdes et une simple application suffisent.

En présence de ces différences, qui n'ont pas dû échapper à l'esprit si perspicace du savant docteur, serait-ce une témérité de soupçonner, sinon sa loyauté, du moins son indépendance vis-à-vis du scepticisme médical, sectaire peut-être ? C'est en vain que, pour pallier son infériorité, il a recours au prestige de Braid. Les expériences de ce dernier sont probablement du même genre que les siennes, difficiles, compliquées, d'un succès incomplet, et souvent douteux.

La sixième, moins frappante, puisqu'elle a eu une récidive et ne fut complète que dans un second voyage à Lourdes, est celle de Mlle Fontenay, âgée de 23 ans. Elle avait, depuis sept ans, une paralysie des membres inférieurs, développée à la suite de deux chutes de voiture et de cheval, qui avaient ébranlé son organisation et provoqué des désordres utérins. Tous les genres de médication avaient échoué. Depuis la fin de janvier 1873, elle ne pouvait plus se tenir sur les jambes. De plus, elle avait de vives douleurs et des accidents d'exaspération nerveuse. Elle alla à Lourdes le 21 mars 1873. Au cours d'une neuvaine, les forces lui revinrent, et après la neuvaine, le 3 juin, elle put suivre à pied la procession ; mais le lendemain de la Pentecôte la paralysie se reproduisit. Elle refit en vain une saison à Aix, à Brides, à la Bourboule, et revint à Autun, faible, paralysée, découragée. Peu à peu, sous l'influence des suggestions religieuses, son imagination s'exalta de nouveau. Le 4 mars 1874, Bernadette lui apparut en songe et lui promit sa guérison. Au mois d'août, elle accompagna l'abbé Musy à Lourdes. Plongée plusieurs fois dans la piscine et ensuite conduite, dans un chariot, à la crypte, le 15 août, elle fut guérie pendant la messe.

M. Bernheim, après cette analyse, n'a aucun fait de guérison analogue à rapporter ; il se contente de dire : « C'est là un nouvel exemple de paraplégie nerveuse guérie par la foi. La première suggestion religieuse n'eut qu'un résultat momentané ; la seconde, entourée de circonstances propres à impressionner l'imagination, trouva un terrain mieux préparé, une réceptivité psychique plus développée. L'action psycho-thérapeutique fut persistante ». C'est toute la preuve. Vraiment, on attendait mieux d'un savant tel que M. Bernheim. Quel procédé de discussion ! Un fait embarrasse et refuse de se plier au système préconçu, on l'y assouplit tout simplement par une affirmation : « Nouvel exemple de paraplégie nerveuse guérie par la foi ». C'est pauvre ; mais on espère que le lecteur n'y regardera pas de si près, et on s'en contente. Conformément à l'usage officiel, l'habile docteur met un terme sonore à la place d'une raison : « l'action psycho-thérapeutique fut persistante »; et le tour est joué.

Cependant, en dépit de cette assimilation hardie, le récit de M. Lasserre, reconnu authentique, subsiste, et tout homme de bonne foi qui le lira y verra un vrai miracle. La foi faible de la paralysée a rendu la première guérison précaire. Cette faiblesse de foi apparaît en effet évidente par le recours, pendant un an, à une médication naturelle. Ce n'est que lorsque cette foi est vive, ferme, pleine de confiance, que la guérison totale a lieu et est persistante. Pour avoir gain de cause dans cet événement, il faudrait démontrer qu'en dehors de l'influence hypnotique suggestive et extérieure, un sujet peut se suggestiver lui-même au point que la croyance qui va guérir suffise pour produire une guérison immédiate, par l'effet de l'imagination. Une pareille démonstration est encore à faire. Il est sans doute ingénieux de présenter la chose à prouver comme preuve de sa réalité ; heureusement ce subtil paralogisme n'a pas encore cours auprès des esprits éclairés.

Il est donc évident que les analogies invoquées par le docteur n'ont que peu ou point de ressemblance avec les guérisons merveilleuses de Lourdes. Il y a tout au plus une apparence de similitude.

IV. — Comme on devait s'y attendre, les miracles évangéliques ne devaient pas plus trouver grâce aux yeux de la science incrédule que ceux de Lourdes et de la Salette. Le moment est venu de traiter cette importante et intéressante question.

Mais, avant d'entrer en matière, il est utile, pour déblayer entièrement le terrain et éclairer sûrement notre marche, de discuter un dernier fait physiologique et de poser un principe.

Le fait, nous y avons fait allusion au cours de cette étude[1] ; il est emprunté à l'ouvrage de MM. Binet et Féré : *Le magnétisme animal*, p. 265, où il est présenté comme la contre-partie triomphante des guérisons miraculeuses admises par l'Église, et la preuve péremptoire que toutes sont l'effet de l'imagination, ou, pour employer le terme scientifique, de l'auto-suggestion. Nous avons déjà cité la partie principale du passage où cette théorie est exposée, mais, pour plus de clarté, transcrivons-le en entier. « Les entrepreneurs de guérisons miraculeuses inculquent graduellement l'idée que la maladie peut guérir par une intervention surnaturelle ; le sujet s'en pénètre et se l'approprie ; quelquefois la guérison s'effectue en conséquence de cette suggestion ou persuasion, le plus souvent à l'occasion d'une cérémonie religieuse déterminée. » L'auteur ajoute immédiatement : « C'est ce que nous avons vu, par exemple, à la Salpêtrière, chez la célèbre Etchévéry, qui vit guérir tout à coup une hémiplégie avec contracture datant de sept ans, à propos d'une cérémonie du mois de Marie... Ce miracle, — qu'on peut appeler expérimental, puisqu'il fut préparé de longue main par des médecins : depuis longtemps on suggérait à la malade qu'elle guérirait au moment de telle cérémonie religieuse, — ce miracle, disons-nous, explique les guérisons par l'imposition des mains, dont l'histoire sainte abonde,... et, de nos jours, accomplies dans les fameuses grottes qui se trouvent situées du côté des Pyrénées. »

Nous acceptons le fait, seulement nous récusons les inductions que l'auteur en tire : que c'est par la suggestion que les miracles s'opèrent, comme s'est opérée la guérison de Mlle Etchévéry.

Nous l'avons en effet établi : la guérison des affections névrotiques, quoiqu'elle puisse être à la rigueur une faveur

---

1. Chap. IX § 1, *Annales* de mars, p. 571. — Méric, *loc. cit.* p. 896.

surnaturelle, n'est pas considérée comme un miracle incontestable ; l'imagination surexcitée peut en être la cause. Ce phénomène s'est réalisé quelquefois. Seule, la disparition instantanée d'une lésion profonde, d'une infirmité organique grave, est réputée indubitablement miraculeuse.

De quelle nature était la maladie de Mlle Etchévéry ? Son séjour à la Salpêtrière l'indique clairement : placée au milieu des hystériques et traitée comme telle, elle l'était évidemment, et sa maladie appartenait à la catégorie des névroses. Par conséquent sa guérison, si elle est réelle, si toutes les circonstances qui l'ont précédée, accompagnée et suivie sont telles que M. Binet le raconte, sa guérison, dis-je, ne peut, ne doit pas être classée parmi les vrais miracles, et ne fait pas échec aux guérisons opérées par la foi, à Lourdes ou ailleurs. Elle le fait d'autant moins que probablement cette cure est due à une tout autre cause qu'à la suggestion hypnotique. Ce qui autorise à le penser, c'est que, pour faire pénétrer dans le cerveau de la malade l'idée de sa guérison, il a fallu recourir à la persuation religieuse. Serait-ce alors se montrer téméraire que d'attribuer ce prodige tout simplement à la foi, suscitée dans son cœur par les affirmations répétées des médecins ? Je ne vois rien qui s'y oppose. Seulement, dans ce cas, nos rusés expérimentateurs ressembleraient assez au Bourgeois gentilhomme ; ils auraient fait du miracle sans le savoir, sans même s'en douter. Leur malade était certainement une croyante ; si elle ne l'avait été, ils n'auraient même pas pensé à lui suggérer l'idée, surtout la possibilité d'un miracle. Dans ces conditions, il leur a été facile d'éveiller en elle une foi vive, et par suite une ferme confiance en l'intervention de la Ste Vierge. Ils l'ont ainsi préparée aux effusions de la grâce, et la bonté divine a fait le reste. Au lieu donc d'être infirmée par cet exemple, la thèse du miraculeux en est corroborée. Sans doute, le but des médecins est mauvais ; mais la foi de la malade est ardente et sincère. Dieu n'a égard qu'à elle ; il la récompense, tandis qu'il permet que la science aveugle se prenne au piège de son orgueilleuse prétention d'égaler la puissance divine.

Si nous raisonnions ainsi, qu'aurait-on à dire ? Cette réponse est plus que suffisante pour réduire à néant l'artificieuse expérience de nos savants docteurs. Il en est une autre, plus péremptoire encore s'il est possible, qui est fournie par la nature des faits assimilés entre eux. Elle ressortira d'elle-même plus éclatante du principe incontestable qui suit : Les guérisons opérées par l'hypnotisme, que la suggestion soit imposée ou qu'elle soit l'effet de l'imagination par l'auto-hypnotisation, ne peuvent être identifiées aux guérisons miraculeuses qu'autant que la maladie, le mode curatif et le résultat seront identiques, ou au moins d'une réelle analogie. Or tout est différent, sous ces trois rapports, entre ces deux sortes de guérisons :

1° Le miracle est susceptible d'opérer son effet curatif sur toute espèce de maladies ou d'infirmités, quelles qu'en soient l'origine ou la gravité ; les annales religieuses en font foi, non moins que la notion du miracle : c'est la toute-puissance qui intervient. La suggestion, au contraire, a une vertu très restreinte ; elle est limitée à un genre unique d'affections, aux affections nerveuses, et encore n'agit-elle efficacement que sur les hystériques. C'est l'enseignement officiel qui nous l'affirme : « L'hypnotisme[1], écrit M. de la Tourette, ne doit jamais être employé en dehors d'un but curatif ; dans tous les cas, on doit l'appliquer exclusivement aux hystériques, chez lesquelles seules il est susceptible de produire des effets véritablement indiscutables. »

2° Le miracle agit seul par la foi, il n'a besoin d'aucun secours étranger ; il est libre de toute pression : point de sommeil provoqué, point d'ordre impérieux, point de secousse violente. Bien plus, la foi laisse l'âme dans sa pleine sérénité, éclaire la raison des plus vives lumières et fortifie la volonté pour tout ce qui est bon et juste, ainsi que nous l'avons constaté à l'occasion de l'extase.

L'hypnotisme est l'opposé : la suggestion, son principal ressort, vient de l'extérieur, d'un opérateur ; elle mutile la personne humaine, obscurcit l'intelligence, enlève l'usage

1. Gilles de la Tourette, *L'hypnotisme et les états analogues*, ch. X, p. 299 ; cité par Méric, p. 134.

de la raison, annihile la volonté, détruit la conscience. L'auto-suggestion, que l'on invoque, n'a aucune valeur probante. C'est justement la question qui est en cause : l'apporter en preuve est un paralogisme par trop flagrant. Chez l'hypno-tique[1], il faut une persuasion absolue que la guérison aura lieu, pour que l'imagination vivement surexcitée l'opère ; les miraculés, au contraire, n'ont le plus souvent qu'une certitude relative et chancelante, c'est-à-dire l'espérance qu'ils guériront si une cause supérieure, et connue par la foi, le permet ou le veut.

3° Le résultat généralement est instantané, complet, per-sévérant pour le miraculé : ainsi se sont présentés à notre investigation les miracles de Lourdes. Chez l'hypnotisé, ou ces trois conditions manquent, ou une au moins fait défaut. Ordinairement la guérison n'est pas instantanée : il faut une médication en règle et plusieurs séances ; ou bien elle n'est pas complète, définitive : il en reste quelque chose, et même l'hypnotisation peut déterminer de graves complications ; ou enfin elle n'est que passagère. La différence est donc considérable entre les deux sortes de guérisons ; leur assi-milation par là même est inadmissible.

Ce principe lumineux établi, abordons les miracles évan-géliques.

Par un reste de pudeur, les chefs de la science hypnoti-que ne les attaquent qu'indirectement ; leurs disciples ont moins de réserve : témoin M. Skepto, qui range toutes les merveilles opérées par Jésus-Christ et les Apôtres au nombre des cures hypnotiques. Si M. Binet écrit au sujet de la guérison de Mlle Etchévéry : « Ce miracle[2], qu'on peut appeler expérimental..... nous explique les guérisons par l'imposition des mains, dont l'histoire sacrée abonde », M. Skepto, déchirant tous les voiles, compare Jésus-Christ à M. Charcot, et, bien entendu, donne à ce dernier la préfé-rence ; il lui accorde une grande supériorité[3] : « Jésus-Christ

1. Méric, loc. cit., p. 134, 135. — Bernheim, La suggestion, 2ᵉ p., § 1, p. 292.
2. Binet et Féré, loc. cit., p. 265.
3. Skepto, L'hypnotisme et les religions, ch. III, p. 22 et suiv.

chassait les démons, comme M. Charcot calme ses malades par l'action directe de la suggestion, par une simple parole ou un simple attouchement. Mais ce que M. Charcot fait scientifiquement, Jésus le faisait inconsciemment, il se croyait de bonne foi possesseur d'un pouvoir surnaturel inhérent à sa personne et venu d'en haut. »

Nous ne relèverons pas l'impiété du langage de M. Skepto, langage particulier aux savants de second ordre ; nous nous tiendrons uniquement sur le terrain expérimental de la science. Or, à ce point de vue, nous venons de le constater, le sentiment des savants est que l'hypnotisme a un effet curatif uniquement contre les maladies nerveuses. Ou M. Skepto ignorait cet oracle scientifique, ou il l'avait perdu de vue lorsqu'il a écrit les paroles que nous venons de citer ; autrement, il se serait abstenu d'un jugement aussi hasardé. Avant de se prononcer, il se serait livré à un examen sérieux des miracles évangéliques, et il lui eût été facile de se convaincre que ces prodiges ont pour objet non des affections névrotiques, mais des maladies ou des infirmités étrangères aux influences du système nerveux, et que la science médicale s'avoue impuissante à guérir.

Telle est, en premier lieu, la lèpre. Les nerfs, pas plus que l'imagination, ne contribuent à son éclosion ou à son extension. Elle est rebelle à toute médication classique et le sera, à plus forte raison, à la thérapeutique hypnotique. Jésus prononce une parole : « Je le veux, soyez guéri ; allez vous montrer aux prêtres », et l'horrible plaie qui rongeait le corps disparaît à l'instant, et si complètement que les heureux miraculés peuvent immédiatement rentrer dans le commerce de la vie[1]. Je le demande, où trouver place soit pour la névrose, soit pour l'imagination, dans une pareille cure ?

La guérison de l'aveugle-né, de l'aveugle sourd-muet et de plusieurs autres de ce genre, se prêtera-t-elle mieux à ce classement ? Celui qui l'affirmerait sérieusement exciterait le sourire. Ces infirmités procèdent d'un vice de l'organisme ;

1. Math., XVIII, 3. — Luc, XVII, 14.

les nerfs, l'imagination ne sont pour rien dans leur détermination. Le fameux aphorisme de M. Binet : « La cause qui fait, défait », non plus que la conclusion qu'il en tire, qu'il suffit d'exciter l'imagination pour obtenir la guérison des maladies qu'elle a occasionnées, n'a point ici d'application. L'imagination n'a rien fait, elle n'a donc rien à défaire. D'ailleurs, la guérison de l'aveugle-né renferme une particularité qui déjoue tous les sophismes : au lieu d'employer la suggestion, Jésus a recours à une médication vraiment étonnante, plus capable d'aveugler que de rendre la vue : il couvre de boue les yeux de celui qui a imploré sa pitié. Quand les hypnotiseurs émérites, voire même MM. Charcot et Bernheim, auront produit la même cure par le même procédé, il y aura quelque raison de les comparer au Fils de Dieu.

M. Skepto invoquera-t-il, dans ce but, les paralytiques nombreux qui, eux aussi, ont trouvé auprès du Sauveur la cessation de leurs infirmités ? Mais des paralysies complètes et chroniques[1] — l'une d'elles avait duré 30 ans, — fussent-elles l'effet des nerfs et de l'imagination surexcitée, ne guérissent pas à la parole d'un mortel. Et c'est tous les jours, et vis-à-vis de tous ceux qui se présentent, névrotiques ou non, que les guérisons s'opèrent. La volonté de Jésus est l'unique remède à tous les maux, quels qu'ils soient.

Mais quand même, ce qui n'est pas, certaines cures hypnotiques auraient quelque ressemblance avec certains prodiges de l'Évangile, on n'aurait pas pour cela gain de cause, car il en est une foule d'autres avec lesquels on ne saurait les identifier: ce sont les résurrections. Je ne sache pas, en effet, qu'aucun de nos praticiens en hypnose ait, jusqu'à ce jour, élevé la prétention de ressusciter hypnotiquement les morts. Ici, il faut leur rendre cette justice, les savants les plus habiles confesseraient leur impuissance. Ils avouent même que si une seule résurrection était bien constatée, le surnaturel aurait d'emblée droit de cité dans

1. Jean, IX, 1. — Math. XX, 19. — Luc., XVII, 35.

la science: « Ou bien, écrit M. Skepto lui-même, il faut admettre que ces phénomènes ne sont que des faits naturels, ou bien il faut croire que le surnaturel nous déborde et nous envahit de toutes parts[1]. »

Aussi, pour résister à cet envahissement, nient-ils *a priori* la possibilité du miracle, et par-dessus tout la possibilité des résurrections. Le procédé est facile. Mais alors, que devient le témoignage des Évangélistes, qui enregistrent ces prodiges comme authentiques et dont la bonne foi, l'entière véracité ne sont pas même suspectés par les exégètes rationalistes les plus renommés, en Allemagne comme en France ? Les savants que nous combattons ne sont pas embarrassés pour si peu : « On peut admettre que les guérisons des Évangélistes sont vraies en principe ; il s'agit seulement de les expliquer[2]. » C'est la besogne ingrate qu'entreprend M. Skepto, relativement à la résurrection de Lazare et à celle de N.-S. Jésus-Christ. Son explication n'est ni savante, ni compliquée. Lazare et Jésus-Christ étaient tout simplement tombés en léthargie, et il a suffi de les réveiller pour faire croire à la foule qu'ils ont été rappelés miraculeusement à la vie. Ce n'est pas plus malaisé que cela.

Le texte cependant, notre exégète le sent bien, se prête difficilement à cette interprétation surannée, empruntée à la critique voltairienne ; mais il ne se déconcerte pas pour une aussi mince difficulté. Si on lui objecte que Lazare était si bien mort que son corps était déjà en décomposition, il répond avec un imperturbable aplomb que sa sœur Marie, qui parle seulement de cette particularité à Jésus, ne pouvait le savoir. La raison en est vraiment stupéfiante : la porte du sépulcre était hermétiquement fermée. Il ne lui vient pas à l'idée que Marie indique au Sauveur[4] une corruption antérieure à la déposition du corps dans le tombeau, et qu'ainsi le *jam fœtet* n'a pu que s'aggraver depuis.

1. Marc, II, 2. — Jean, V, 8. — Mathieu, XII, 10.
2. Skepto, *loc. cit.*, ch. I, p. 15.
8. Skepto, *loc. cit.*, p. 30. — Binet et Féré, *loc. cit.*, p. 296. — Méric, *loc. cit.*, p. 307.
4. Skepto, *loc. cit.*, p. 57.

M. Skepto, confiant dans sa jeune exégèse, n'y regarde pas de si près.

Les choses se sont passées à peu près de la même manière pour la résurrection de Jésus-Christ. « Sous l'influence de la douleur et de l'exaspération nerveuse, résultat de la suspension à la croix — elle n'avait duré que quelques heures, — il a pu tomber dans un état léthargique ou cataleptique présentant toutes les apparences de la mort, mais qui aura cessé de lui-même et tout naturellement dans le repos de la chambre sépulcrale, ou bien auquel ont mis fin les ablutions ou les frictions aromatiques en usage, à cette époque, dans les rites funéraires des Juifs. »

D'où il suit que Joseph d'Arimathie et Nicodème ont joué la comédie de concert avec Jésus-Christ ; que les Apôtres, au lieu d'avoir été le jouet d'une hallucination, comme le suppose Renan — le naïf ! — ont réellement revu Jésus, au moment des diverses apparitions, mais que, au dernier rendez-vous, il a été assez habile pour se dérober à leurs yeux par un sentier de la montagne, et disparaître dans un brouillard. Voilà les fadaises que le disciple de Renan, car il se place sous son égide, substitue à sa poésie.

Il oublie deux circonstances intimement liées l'une à l'autre, et devant lesquelles s'évanouit ce roman puéril. La première : que Pilate n'a permis l'enlèvement du corps de la croix qu'après s'être assuré officiellement que Jésus était réellement mort ; qu'il a agi sérieusement et avec connaissance de cause, en accordant l'autorisation demandée. Pilate avait des doutes sur une mort si prompte : les crucifiés d'ordinaire vivaient plus longtemps ; pour s'éclairer, il fait venir le centurion qui a présidé à l'exécution. Cet officier lui certifie la mort, et c'est sur son témoignage seulement qu'il permet d'enlever le cadavre. De quel droit suspecter ce témoignage, lorsque rien, dans le récit évangélique, qui est le rapport officiel et authentique, n'autorise à le faire ? Le besoin de la cause, c'est-à-dire la nécessité de donner à la version rationaliste quelque apparence de vérité, a seul inspiré ce grossier mensonge.

La seconde circonstance, officielle comme la première et

non moins authentique, est que le corps de Jésus a été réellement déposé dans le sépulcre, et qu'ainsi la fable du rappel à la vie par les ablutions rituelles tombe d'elle-même. La haine implacable et soupçonneuse des princes des prêtres en fournit une double preuve indubitable. Ils vont d'abord trouver Pilate, pour lui communiquer leur crainte de l'enlèvement du corps par les disciples. Ils étaient convaincus que ce corps reposait dans le tombeau ; et comme ils avaient assisté eux-mêmes, ou par leurs affidés, à toute la suite du drame sanglant, ils savaient qu'ils ne se trompaient pas.

Ensuite, pour déjouer le complot supposé des disciples, ils obtiennent de Pilate, qui refuse de se charger de ce soin, la permission de faire garder le sépulcre jusqu'au troisième jour. Ils se rendent aussitôt au lieu de la sépulture, ferment soigneusement l'entrée du tombeau avec la pierre destinée à cet effet, posent les scellés publics sur cette pierre, et laissent une garde de soldats auprès de ce tombeau. Ils étaient donc bien sûrs que leur victime était là, étendue sous la pierre, et y dormait son sommeil de mort. Avant de fermer l'entrée et d'y apposer les sceaux, ils avaient pu voir le corps de leurs yeux, le toucher de leurs mains. Leur haine persistante nous assure qu'indubitablement ils ont pris cette précaution vulgaire. Ils avaient trop d'intérêt à constater la non-résurrection, pour négliger de recourir à ce moyen facile de la démontrer. L'exposition exégétique de M. Skepto n'est donc pas heureuse. Les résurrections, surtout celles de Lazare et de Jésus-Christ, sont indubitables.

Comme l'hypnotisme s'avoue vaincu en présence de leur réalité, il faut en conclure qu'il existe une immense différence entre les cures hypnotiques faisant cesser des affections nerveuses, et les miracles évangéliques guérissant des maladies, des infirmités graves, causées par des lésions ou altérations organiques profondes ; et que, si les premières cures peuvent à la rigueur avoir une cause naturelle, les secondes, par contre, proviennent d'une cause préternaturelle, ou mieux divine. Il nous semble qu'après l'exposition que nous venons de faire, il est impossible d'en douter.

X

LES STIGMATES ET LES POSSESSIONS

I. — Les stigmates ! cette expression mystique doit être surprise de se trouver mêlée aux phénomènes de l'hypnose. Sa place parmi eux est pourtant bien justifiée, la thaumaturgie hypnotique affichant hautement la prétention d'opérer naturellement les phénomènes miraculeux attribués au surnaturel, même les plus extraordinaires. La stigmatisation, pour ce motif, est inévitablement de ce nombre.

On sait sa nature. Les plaies douloureuses des pieds, des mains et du côté du Sauveur, déterminées par les clous et le coup de lance, ont été reproduites d'une manière frappante chez quelques saints. Les clous eux-mêmes s'y trouvent figurés, et les plaies sont vives et saignantes comme celles de Jésus-Christ, au moins à certaines époques fixes. Personne n'ignore non plus que ce prodige fut réalisé en son entier et pour la première fois, d'une manière authentique, sur le corps de S. François d'Assise, et que, depuis, il a été renouvelé, en tout ou en partie, sur celui de plusieurs autres pieux personnages.

L'hypnotisme peut-il réellement opérer un semblable prodige, et la physiologie en donner l'explication ? Nos médecins rationalistes l'affirment expressément : plusieurs fois, par le seul commandement fait à un sujet mis en somnambulisme, ils auraient déterminé, sur une partie du corps indiquée, une plaie et des exsudations sanguines.

Voici comment ils procèdent[1]. L'expérimentateur trace sur le bras, par exemple, le nom du sujet ou tout autre trait, avec l'extrémité émoussée d'un stylet de trousse, puis il fait le commandement suivant : « Ce soir, à quatre heures, tu t'endormiras et tu saigneras, au bras, sur les lignes que je viens de tracer ». A l'heure dite, le sujet s'endort. Au bras gauche, les caractères se dessinent en relief et en rouge, et les gouttes de sang perlent en plusieurs endroits. Après

---

1. De Bonniot, *Le miracle et les contrefaçons*, ch. VI, § V, p. 278.

trois mois, les caractères sont encore visibles, bien qu'ils aient pâli un peu[1].

Cette expérience eut lieu à Grenoble, en 1885, et fut faite par les docteurs Bourru et Burot. D'autres ont eu lieu depuis, et toujours avec le même succès. Une fois même, le phénomène s'est produit séance tenante. Le Dr Mabille, médecin en chef de l'asile Lafond, à la Rochelle, dit à l'hypnotisé, devant une quarantaine de personnes, médecins pour la plupart, après avoir tracé une lettre sur le poignet gauche[2] : « Tu vas saigner immédiatement de cet endroit. — Cela me fait grand mal. — N'importe, je t'ordonne de saigner. » Le membre devient turgescent, la lettre se dessine rouge et saillante, enfin des gouttes de sang apparaissent et sont constatées par l'assistance. D'où cette conclusion de MM. Binet et Féré[3] : « Ces curieux phénomènes rappellent et expliquent les stigmates sanguinolents que l'on a observés, à diverses reprises, chez les extatiques religieux, pendant qu'ils se représentaient la Passion du Christ. »

Ce jugement est-il juste et fondé ? Nous le croyons faux et superficiel. Si on examine en effet les deux phénomènes, on trouve qu'il y a entre eux une différence considérable, sous divers rapports. Elle est frappante pour ces phénomènes :

1° Dans leur nature physique. — L'exposé que nous venons d'emprunter aux expérimentateurs en fait foi : la plaie des hypnotisés est toute superficielle, c'est une simple turgescence. Celles des mystiques sont profondes ; les pieds et les mains sont parfois traversés de part en part. Des clous, semblables à des clous de fer, se forment dans ces plaies, comme chez S. François d'Assise[4]. Les têtes apparaissent dans l'intérieur des mains et sur les pieds, et les pointes sortent à la partie opposée. Ces têtes sont noires et rondes ; les pointes, longues, recourbées et comme rabattues, traversent les chairs, mais s'en distinguent par une proéminence marquée. Le côté, comme transpercé d'un coup de lance, porte

1. Mérie, Le merveilleux et la science, 1re partie, ch. IV, § II, page 105.
2. De Bonniot. loc. cit. 75, p. 2. — Progrès médical, 20 août 1885.
3. Magnétisme animal, p. 147.
4. Ribet, La mystique, t. II, ch. XXIII, n° 11, p. 100-105.

l'empreinte d'une cicatrice rouge, dont les lèvres sont en-tr'ouvertes. Même, chez S. François, cette plaie était large et profonde de trois doigts[1]. Chez Cécile Nobel, au rapport de Gœrres[2], elle avait pénétré jusqu'à la substance du cœur. Chez Jeanne-Marie de la Croix de Roverdo, ainsi qu'il fut constaté après sa mort, la blessure avait pénétré, par le poumon, jusqu'au cœur. Cette lésion, si elle avait été natu-relle, aurait entraîné la mort.

2° Dans leurs effets. — Chez l'hypnotisé, nous venons de le constater, les turgescences rougissent, se dessinent en relief, finissent par suinter du sang. Quant aux plaies de S. François d'Asssise, par exemple, non seulement elles étaient larges, mais elles saignaient. Des lèvres rouges et entr'ouvertes de son côté, le sang s'échappait avec une telle abondance que sa tunique et ses habits de dessous en étaient imprégnés.

3° Dans leur durée. — Le phénomène hypnotique dure un instant ; pour le renouveler, il faut recourir aux mêmes procédés employés déjà ; et c'est à peine si, après quelques mois, les bras gardent l'empreinte de la turgescence ; le sang a cessé de perler. Les stigmatisés mystiques conservent leur plaie toute leur vie, quelques-uns 10, 20, 30 ans et da-vantage, et pendant cette longue durée le sang coule tou-jours avec la même profusion.

4° Dans leur production. — Pour produire la turges-cence et le suintement sanguin chez le sujet hypnotique, il faut qu'un coopérateur intervienne, qu'il s'empare des facultés de l'esprit et des organes du corps, qu'il subjugue la volonté, malgré ses résistances, et que, contrairement au fonctionnement régulier de l'organisme, il y suscite des troubles violents. C'est, en d'autres termes, exiger trois conditions indispensables : que le sujet soit dans un état de sommeil provoqué ; qu'il soit sans volonté, sous la domina-tion absolue de l'expérimentateur, qu'il se laisse enlever sa conscience, sa raison, sa volonté, faire de sa personne une machine inconsciente ; qu'il aboutisse enfin à une tension

1. De Bonniot, loc. cit., p. 278.
2. Ribet, loc. cit., p. 405.

violente de son esprit et de son attention sur le point de son corps où le sang doit se montrer.

Or, aucun de ces trois éléments ne se trouve dans les stigmatisés. Ils n'ont besoin d'aucun secours humain : seuls quand le prodige s'opère, ils possèdent leur intelligence et leur libre arbitre, et ne dépendent de personne. Aucun ordre impérieux, répété, d'appeler le sang aux mains, aux pieds, au côté, ne leur est intimé. Non seulement enfin ils n'arrêtent pas leur attention avec intensité sur une partie quelconque de leur corps, mais leur attention se porte toute à l'extérieur, sur un objet en dehors d'eux, sur la personne du divin crucifié ; ils ne sont pas à eux, ils sont tout à l'extérieur. Comment les muscles, que rien n'excite et ne met en mouvement, agiraient-ils efficacement pour déterminer l'afflux sanguin ? Ce serait un nouveau prodige plus étonnant que celui qu'on voudrait éliminer, ce serait un effet sans cause. Il n'existe donc aucune parité entre ces deux genres de phénomènes.

Une autre particularité accentue plus fortement encore cette dissemblance : les stigmates sont restés plus d'une fois invisibles pendant la vie des bienheureux, sur leur demande ; ils sont devenus visibles et saignants seulement après leur mort. Les amateurs d'hypnotisme stigmatiseurs patentés ont encore du chemin à faire pour arriver à imiter les vrais stigmates, et, en particulier, ceux qui ne deviennent visibles que sur le cadavre des stigmatisés.

Ces phénomènes et leurs dissemblances étant clairement établis, il nous faut faire un pas de plus, découvrir qu'elle est leur cause et quel est le moyen mis en œuvre par elle pour les produire.

La cause des stigmates mystiques n'est pas difficile à connaître, elle est surnaturelle et divine. On peut défier les adversaires de démontrer le contraire : les faits signalés plus haut dépassent la science, l'énergie, la puissance de tout agent humain, physiologique ou autre.

Il en est autrement du phénomène hypnotique, il peut n'être pas préternaturel. On conçoit, en effet, et nos savants l'expliquent physiologiquement, d'une manière assez satis-

faisante ; on conçoit que l'imagination, surexcitée par l'état
de somnambulisme artificiel, détermine, à un point donné
du corps, un de ces afflux de sang qu'une affection morbide opère fréquemment dans l'état ordinaire ; et qu'alors
il y ait un gonflement des chairs, voire même une exsuda-
tion de quelques gouttelettes de sang. La cause, dans ce
cas, serait naturelle, purement physiologique. Un pareil
phénomène semble ne pas dépasser le jeu normal de l'organisme ; nous n'y contredisons pas.

Mais à cette concession nous mettons une restriction. Si
nous disons que le phénomène hypnotique pourrait n'être
pas surnaturel, nous n'avons pas voulu affirmer par là que,
même dans ce cas, il ne l'est jamais. Au contraire, il pourrait
arriver, pour ce phénomène, qu'on se trouvât en face
d'un fait qu'aucune cause humaine ne pourrait produire.
Il y aurait alors une influence extranaturelle mystérieuse,
dont il faudrait tenir compte et dont il s'agirait de déterminer la nature ; or, comme cette influence ne saurait être
divine, le ciel ne pouvant en aucune manière être intéressé
à un pareil fait, il faudrait recourir à une autre cause extra-
naturelle secondaire, c'est-à-dire à une cause malsaine, et
par suite diabolique, comme nous en avons établi ailleurs
la nécessité.

Mais, en toute hypothèse, les stigmates hypnotiques diffè-
rent essentiellement des stigmates de la Passion, avec lesquels on essaie de les identifier pour échapper au surnaturel. Sans aucun doute, il y a des contrefaçons, qu'elles
proviennent du démon ou de la science : du démon qui,
pour infirmer ces prodiges de l'amour divin, les imite gros-
sièrement, mais suffisamment pour faire illusion aux esprits
enclins au scepticisme, ou superficiels quoique religieux ;
de la science qui, aveuglée par son savoir, voudrait ne
dépendre que d'elle-même, régner en souveraine sur les
intelligences, et qui, pour ce motif, combat à outrance le
surnaturel.

Quelle qu'en soit cependant la source, les marques qui
distinguent ces phénomènes des vrais stigmates sont si
sensibles que, pour tout cœur droit et honnête, il sera tou-

jours, je ne dis pas simplement possible, mais facile de les distinguer. Je fais allusion ici, non seulement aux contrefaçons tentées par les médecins rationalistes, dans ces derniers temps ; je vise en même temps ces nombreuses stigmatisées qui ont surgi de nos jours, qui étonnent les croyants, déconcertent les savants, tout en leur fournissant des armes contre la religion.

Si ces prodiges peuvent s'expliquer par la science, point de difficulté. Si, au contraire, la science est impuissante à en donner la raison, et qu'ils présentent des caractères préternaturels indéniables, il n'y a qu'à appliquer les principes théologiques. Le phénomène est-il sérieux, honnête, conforme à la vérité et à la vertu? le doigt de Dieu est là, et il ne faut pas craindre de le proclamer. Le phénomène, au contraire, est-il futile, indécent, indigne de l'intervention divine? évidemment, la cause malsaine se dévoile ; il n'y a qu'à la condamner et à la flétrir.

II. — Les possessions démoniaques viennent tout naturellement à la suite des stigmates, la médecine hypnotique les revendiquant de même comme faisant partie de son domaine. Nous avons vu, en effet, que, parlant de l'hystérie, ils nomment ses crises « accès démoniaques » ; les cris des victimes de cette maladie étrange, « les vociférations, les hurlements des démoniaques ». Cette épithète est caractéristique sous leur plume, et plus encore dans leur intention.

Aussi agissent-ils pour les possessions comme pour les extases et les guérisons miraculeuses. Ce ne sont plus, comme autrefois, des rêveries d'esprits en délire, des croyances surannées de l'ignorance, des illusions du fanatisme et de la superstition ; ce sont maintenant des faits réels, authentiques. Seulement, aujourd'hui on les attribue à la nature, et on a la prétention de pouvoir les expliquer scientifiquement. Le caractère surnaturel se trouve ainsi « éliminé ».

« Venez à la Salpêtrière ou à Charenton », nous répètent à l'envi nos médecins aliénistes, « et nous vous montrerons, chez nos malades hystériques, tous les phénomènes attribués au démon sous le titre de possessions, et dans tous les temps classés par l'Église au rang des faits surnaturels. »

L'hystérie, dans l'opinion de ces savants, répond à tout, et, chose curieuse, on ignore ce que l'hystérie est au fond ; de sorte que, pour résoudre une énigme, on a recours à un problème insoluble[1]. On ne balance pas cependant à prononcer l'identité des deux phénomènes : « Les symptômes sont tout à fait les mêmes, écrit Ch. Richet[2], et il suffit de lire la description de l'attaque démoniaque d'autrefois, pour reconnaître qu'elle est absolument identique à l'accès hystéro-épileptique d'aujourd'hui. » Toujours le même procédé : un mot médico-scientifique à la place d'une raison, et l'évidence est parfaite.

Il y a du vrai cependant dans cette sonore assertion. Nous ne le nions pas, les convulsions hystériques présentent des caractères qui ont de l'analogie avec les attaques des possédés. Par exemple, la rigidité épileptiforme et ses suites, les mouvements aussi bizarres qu'insensés du corps et des membres, pendant la période clownique, entr'autres la courbure du corps en arc de cercle et les bonds prodigieux exécutés dans cette attitude, la chorée, etc. etc, se rencontrent dans les deux états ; mais, contrairement aux conclusions de nos médecins hostiles au supranaturel ces phénomènes, quoique les mêmes, ne démontrent pas l'identité de ces états. Ils établissent une seule chose : que les possessions se manifestent souvent sous ces formes diverses et hideuses. Le démon se sert alors des formes secondaires pour arriver à ses fins mensongères ; et un tempérament nerveux, maladif, est généralement mieux préparé à recevoir son action.

Nous ne nions pas davantage, ou plutôt nous accordons volontiers, que, dans le passé, on a pris pour des assauts diaboliques certaines crises violentes de la nature, et que, plus d'une fois aussi, on a exorcisé des sujets atteints d'affections simplement morbides. On comprend que des gens crédules, superstitieux ou ignorants[3], peu accoutumés à de pareilles anomalies, se soient pris à voir un génie malfaisant dans les agitations étranges de la chorée et les phases

1. De Bonniot, *Le miracle et ses contrefaçons*, p. 348.
2. Rivet, *La mystique divine*, t. III, ch. XXIII, n° 11, p. 610.
3. Ribet, *loc. cit.*, 608-618.

effrayantes de la crise hystérique. Mais nous n'en taxons pas moins d'erreur la méthode des esprits-forts qui, systématiquement opposés à tout surnaturel, diabolique ou divin, ramènent toutes les possessions à ces maladies excentriques, qu'ils qualifient médicalement d'hystéro-démo-pathie, comme si, encore une fois, un mot savant pouvait remplacer toute démonstration.

III. — Il existe d'ailleurs des caractères suffisants pour distinguer ces phénomènes les uns des autres. Le rituel romain, au titre des *Exorcismes*, est on ne peut plus précis sur ce point. En suivant ces indications, il est impossible de s'y méprendre. Les voici : « Que l'exorciste ne soit pas facile à croire à la possession ; » — sage conseil qui montre l'Église bien éloignée d'une crédulité aveugle et peu disposée à s'en laisser imposer par tous les symptômes extraordinaires, par conséquent par les phénomènes étranges de l'hystérie, qu'elle designe sous le titre d' « atrabilaires », moins scientifique que les termes en usage aujourd'hui, mais tout aussi exact, et plus lumineux peut-être : — « et qu'il sache bien quels sont les signes qui font distinguer un possédé des atrabilaires ou de toute autre maladie. Or, voici quelles sont les marques de la possession : parler une langue inconnue ou comprendre celui qui la parle ; révéler des choses éloignées ou occultes ; déployer des forces au-dessus de son âge ou de sa condition ; et autres choses de cette nature, dont la force probante est d'autant plus grande qu'elles se présentent en plus grand nombre. »

Il était impossible de parler avec plus de justesse et de clarté. Si donc des exorcistes inintelligents, ou des personnes, même des supérieurs, trop crédules, ont négligé ces règles si sages, ou en ont fait une application fautive, il n'en est pas moins certain que ces signes sont l'indice indubitable d'une possession démoniaque. Aucune cause naturelle, aucun agent physique ne peut produire de pareils effets.

Ce qui prouve la possession[1], par conséquent, ce ne sont pas les convulsions proprement dites, mais les circonstances

1. De Bonniot, *loc. cit.*, p. 879.

qui l'accompagnent, les phénomènes que la nature n'explique pas. C'est sur ces signes qu'il faut insister sérieusement, loyalement, quand on traite cette question, et non sur des analogies, qui peuvent se produire, mais qui n'excluent pas une intervention extranaturelle, quoiqu'elles ne la démontrent pas péremptoirement.

Cette conclusion s'étend à toutes les affections morbides extraordinaires[1]. Rien en elles, quelles qu'elles soient, n'autorise à conclure à la possession, tant qu'il n'apparaît pas de signe « prodigieux » qui décèle une intervention surhumaine et malsaine tout à la fois. Mais quand ce signe se manifeste, qu'il y ait maladie hystérique ou non, il accuse la présence d'un agent supérieur à l'homme ; l'un n'empêche pas l'autre.

IV. — C'est avec ces caractères que se présentent les possessions évangéliques[2] guéries par le Sauveur, comme il est facile de s'en convaincre, malgré les subtilités des incrédules hypnotiseurs.

La plus remarquable est celle du frénétique de la région des Géraséniens. Sa force était si prodigieuse que ni liens ni chaînes ne pouvaient le retenir ; il brisait toutes les entraves et échappait à ses fers et à ses gardiens. A la parole de Jésus, qui ordonne au démon d'abandonner son corps, il est délivré et s'assied calme et doux aux pieds de son libérateur. Mais les démons étaient nombreux ; interrogés par Jésus : « Comment t'appelles-tu ? » ils répondaient : « Légion, parce que nous sommes plusieurs. » Et aussitôt se manifeste le signe d'une intervention surhumaine malsaine, en même temps qu'éclate la suprématie de Jésus : « Les démons le prient avec instance de ne pas les chasser du pays, mais de leur permettre de passer dans le corps des deux mille pourceaux qui paissaient dans la montagne. Il le leur permît, et tout le troupeau courut avec impétuosité se précipiter dans la mer, où ils furent noyés. »

M. Skepto, au lieu de réfuter scientifiquement le fait[3], la

1. Rivet, *loc. cit.*, p. 617.
2. Mathieu, VIII-28 à 32. — Marc, V-2 à 13. — Luc, VIII-27-23.
3. Skepto, *loc. cit.*, p. 35-37.

tourne en ridicule, ajoutant au texte, qui n'en dit rien, que les démons étaient au nombre de deux mille, d'un démon par animal ; le texte porte : « Car nous sommes plusieurs », et rien de plus quant au nombre. C'est un faux en faveur de son incrédulité ; un faux n'est pas une raison, pas plus qu'une négation gratuite.

Une plaisanterie ne prouve pas davantage. La narration évangélique demeure authentique, pleinement vraisemblable : le frénétique gérasénien était véritablement démoniaque, d'après les circonstances rapportées. L'incident des pourceaux, loin d'affaiblir cette affirmation, la confirme d'une façon irrécusable. Quelle autre cause aurait pu rendre ces deux mille pourceaux furieux, à la place du possédé, et sur l'autorisation formelle qui est accordée aux esprits impurs ? M. Skepto va-t-il les déclarer suggestionnés ? Il n'a pourtant qu'à choisir entre cette ridicule assertion et l'aveu de son erreur.

Les autres guérisons de possédés ne présentent ni en elles-mêmes, ni dans les circonstances qui les accompagnent, un caractère surnaturel aussi frappant. Cependant la manière dont Jésus les opère, et les circonstances qui entourent ces prodiges, le leur confèrent suffisamment. Parmi ces possédés[1] l'un est un sourd-muet ; l'autre, un muet aveugle ; le dernier, un muet simplement : tous les trois sont délivrés par un mot, un attouchement, un peu de salive déposé sur la langue. Je ne sache pas qu'aucun codex, voire même le codex hypnotique, indique ces remèdes contre l'épilepsie ou toute autre maladie analogue. Dans ces cures merveilleuses, une intervention extranaturelle est évidente.

Elle l'est encore plus dans la guérison de la jeune Chananéenne possédée par un démon cruel qui la torturait de toute manière[2]. Sa mère vient se jeter aux pieds du Sauveur, implorant, avec larmes, le salut de son enfant. Jésus semble d'abord repousser sa demande, dans l'intention, comme la teneur du texte l'indique, de lui faire mani-

1. Marc, XIV-24. — Mathieu, XI-14.
2. Mathieu, XXV-22 — Marc, VII-35.

fester sa foi ardente. Aussi, à peine l'a-t-elle fait éclater, qu'il s'écrie[1]: « O femme, votre foi est grande ! Qu'il vous soit fait selon que vous voulez. » « Et sa fille fut délivrée à l'heure même », ajoute l'Évangile. Dans quelle clinique M. Skepto a-t-il vu se produire un semblable prodige ? Il est d'autant plus surprenant qu'on ne peut invoquer ni l'hypnotisation, ni l'influence suggestive, puisque le sujet sur lequel la parole de Jésus opère est éloigné, qu'elle ne sait ni ce qui se passe, ni le moment où la scène a lieu. C'est une guérison à distance d'un genre tout particulier, que rien ne justifie ni n'explique, si on repousse l'intervention d'une puissance surnaturelle.

V. — L'examen intrinsèque des possessions évangéliques ne donnant pas le résultat attendu, nos adversaires ont recours à un autre procédé, aux analogies, comme pour l'extase et les miracles. Ils citent des faits absolument semblables, selon eux, aux possessions admises par l'Église, et qui sont entièrement naturels. D'où cette conclusion, si désirée et infatigablement poursuivie : « Tous ces phénomènes ont la même source, la nature ».

Quelles preuves donnent-ils de cette similitude ? Les mêmes que pour les prodiges précédents. Ils citent des phénomènes extraordinaires dont la naturalité est facilement démontrable, mais que d'autres, moins avisés ou moins instruits, classent parmi les faits préternaturels ; et, fiers de cette analogie, ils s'écrient : « Vous le voyez, ce que vous appelez surnaturel est de même sorte, naturel aussi. Considérez les prodiges opérés à Loudun, chez les Camisards et au tombeau du diacre Pâris ; ils ne sont point miraculeux, et pourtant ils sont du même genre que les prodiges évangéliques et que tous ceux préconisés par les catholiques, dans le cours des âges. Ces derniers ne le sont donc pas davantage. »

Cette conclusion est parfaitement fausse. Pour avoir le droit de la déduire, il faudrait préalablement établir que les possessions en question et les circonstances surprenantes

---

1. Mathieu, 28.

qui les accompagnent ne sont pas elles-mêmes en dehors de la nature; or, c'est précisément cette démonstration indispensable qui fait défaut. L'argumentation, qui s'appuie uniquement sur cette base fragile, tombe donc d'elle-même. Ce système, ou mieux cette affirmation hardie de similitude, quoiqu'elle ne soit pas fondée, peut être habile; assurément, elle n'est ni logique, ni loyale.

Examinons cependant ces analogies :

1° En première ligne viennent les célèbres possessions de Loudun, dont le héros, Urbain Grandier, curé à Loudun, fut brûlé vif, sur l'ordre du tribunal institué par ordonnance royale pour juger ce procès retentissant.

Une question préjudicielle, et dont le fond est d'une indéniable certitude, c'est que le curé de Loudun avait bien mérité le châtiment qui lui fut infligé, quand même il eût été innocent du crime de sortilège envers les religieuses possédées ou supposées telles. « Au su et au vu de tous les habitants de Loudun », il avait commis assez de crimes pour légitimer cette sentence de mort[1]. Nous n'avons pas à entrer dans cette discussion, qui importe peu à notre but. Nous pourrions même, à la rigueur, négliger d'établir la naturalité ou non-naturalité de ces possessions. Quand même elles seraient fausses, ou simplement naturelles, il n'en serait pas moins certain que les véritables ont des signes qui les distinguent sûrement des autres. Mais on a fait et on fait encore tant de bruit autour de cet événement étrange, qu'il est utile d'y porter la lumière.

Pour y parvenir, nous posons cette question : y a-t-il eu, oui ou non, à Loudun, de véritables possessions ? Oui, répondons-nous, s'il s'est produit des faits dont la réalisation dépasse les forces de la nature; non, si ces faits sont des phénomènes hystériques, par conséquent naturels.

Il en existe certainement, dans le nombre, qui, sans trop de difficulté, se laisseraient classer dans la dernière catégorie : le penchant violent de la supérieure, Jeanne des Anges, pour Grandier, ses propos érotiques, ses poses impudiques

1. De Bonniot, *loc. cit.*, ch. V, section III, p. 351.

au moment des crises qui se manifestaient pendant les exorcismes ; les attaques dont plusieurs de ses religieuses furent
atteintes, et qui produisaient des effets analogues: tous ces
faits pourraient à la rigueur rentrer dans ce même cadre.
Je dis : à la rigueur, car il faudrait admettre une épidémie
hystérique, phénomène dont la réalité est encore à démontrer, quoique nos médecins naturalistes en affirment l'existence avec une assurance imperturbable.

Parmi ces adeptes, un peu enthousiastes, de l'influence
hypnotique, il faut placer au premier rang le Dr Legué[1].
Dans son opuscule sur les événements de Loudun, il voudrait persuader à ses lecteurs que la science a étudié ce
genre d'épidémie suivant ses méthodes régulières, et que,
par un sévère examen des faits, elle a été amenée à reconnaître sa réalité. C'est une erreur, ou au moins une très
grande exagération. La science a étudié et étudie encore
cette maladie, et bien certainement elle a recours à ses
méthodes les plus sûres ; mais, malgré son désir de faire la
lumière, malgré sa tendance non douteuse à conclure dans
le sens de M. Legué, elle est obligée de confesser qu'elle en
est encore réduite à des conjectures. Bien plus, ces conjectures, elle ne les a pas encore nettement formulées : elle
sent bien que le terrain solide se dérobe sous ses pieds.

M. Skepto, qui ne doute de rien, cite, à l'appui, des faits
qu'il déclare d'une complète analogie[2]. Mais, nous l'avons
fait remarquer plus haut pour des faits identiques, ces phénomènes sont au nombre de ceux dont la nature est à déterminer. On ne peut, en bonne logique, les apporter en preuve
de la non-préternaturalité, puisqu'ils sont peut-être eux-
mêmes préternaturels.

Cette réserve faite, certains phénomènes, nous le répé-
tons, peuvent être considérés comme naturels. « Le tort des
médecins, dit avec raison le P. de Bonniot[3], n'est pas de
constater qu'il y a, dans beaucoup de possessions, des symptômes morbides, mais de conclure de la partie au tout, et

1. Legué, *Urbain Grandier*, p. 30.
2. Skepto, *loc. cit.*, p. 51.
3. De Bonniot, *loc. cit.*, p. 367.

d'attribuer à la maladie des symptômes que ni la maladie, ni aucune cause naturelle ne sauraient expliquer. »

Il s'est passé, en effet, à Loudun, des événements que tous les savants réunis ne sauraient expliquer scientifiquement. Nous citerons deux faits seulement : la connaissance de langues non apprises, et la révélation de la pensée d'autrui. Les documents authentiques font mention expresse de ces deux phénomènes.

Relativement au premier, il y a d'abord le témoignage du P. Surin, « dont la véracité, écrit Gœrres[1], n'a jamais été contestée, même par les adversaires les plus acharnés ». Il rapporte que « d'abord qu'il fut arrivé à Loudun, il interrogea les possédées en latin, et elles lui répondirent en français justement à ses interrogations ». L'Histoire des diables de Loudun affirme le même fait : que « les exorcismes se faisaient toujours en latin, et les filles répondaient aussi en latin ». Mais l'auteur ajoute que cette mise en scène avait été préparée à l'avance ; seulement il n'apporte aucune autre preuve que son affirmation. C'est trop peu ; mais ce procédé se conçoit de la part d'un écrivain hostile, comme son récit partial en fait foi. La *Démonomanie* de 1634 atteste, à son tour, que ces religieuses, interrogées en grec, en turc, en espagnol, ont répondu juste, même que la Sœur Ste Claire a parlé hébreu. Malgré tout le talent des auteurs, il est difficile d'assigner une cause naturelle à cette science infuse des langues. Elle semble cependant suffisamment constatée.

Il faut tenir le même langage relativement à la connaissance et à la révélation de la pensée des autres : elles sont affirmées par les mêmes auteurs. Un seul fait suffira pour en donner une idée, celui du célèbre Kériolet. C'était un impie, un athée, et il était venu à Loudun pour rire et s'amuser aux dépens des prétendues possessions. Au cours d'une scène suscitée par sa présence et ses interrogations, une des religieuses lut dans son esprit et dans sa conscience, et lui révéla ses pensées les plus intimes, des secrets que lui seul connaissait. Il en fut si touché et si bouleversé qu'il

1. De Bonniot, p. 371-373. — Ch. Richet, *L'homme et l'intelligence*, p. 374. — Surin, manuscrit de 1720.

se convertit immédiatement, fit une pénitence terrible et mena désormais une sainte vie.

Il est donc indubitable qu'à Loudun il y a eu des faits dont la réalisation dépasse les forces de la nature et dénote un agent supérieur. Par suite, les possessions de Loudun ne peuvent être assimilées aux phénomènes hystériques. Elles confirment donc les possessions évangéliques loin de les infirmer; et elles paraissent absolument, quant au fond, de même nature qu'elles.

VI. — Aux possessions de Loudun se rattachent, par analogie, les prodiges des Cévennes et les convulsions de S. Médard.

1° Il est certain que, dans le nombre de ces phénomènes, beaucoup peuvent aussi être attribués à la névrose, hystérique ou non hystérique : telles sont des convulsions, des extases, des visions soi-disant prophétiques, des communications prétendues avec le ciel, que les auteurs nous rapportent et qui semblent véritablement authentiques, au moins pour plusieurs d'entre elles, tant les témoins sont multipliés et dignes de foi.

J'ai dit : peuvent aussi être attribués à la névrose, car ces phénomènes pourraient tout aussi bien avoir leur principe dans une cause extranaturelle : ceux qui le nient ne donnent aucune preuve, et on a tout autant de droit d'affirmer qu'eux de nier. Leur unique raison est que la nature produit de ces effets ; or cette attribution à la nature comme cause efficiente, leurs adversaires peuvent tout aussi légitimement la faire à une cause supranaturelle, à un agent supérieur, cet agent possédant évidemment le pouvoir de réaliser ces mêmes effets, et de les réaliser mieux encore que la nature aveugle, inconsciente, limitée dans son action. Sans doute, pour écarter une objection importune, il est facile de rejeter *a priori* l'extranaturel; mais son existence est justement la question à résoudre, et l'objection revient toujours, implacable, insoluble.

Il existe, en effet, dans les étranges scènes qui nous occupent, beaucoup de faits entièrement irréductibles aux proportions de la naturalité. Chez les Cévennols, c'est d'abord le nombre des extatiques : on en a compté jusqu'à 8.000 à la fois. C'est ensuite la manière dont se communiquait l'esprit prophétique : l'insufflation dans la bouche. C'est, en outre, l'usage de langues non familières et l'éloquence communiquée à des gens grossiers[1], même à des enfants à la mamelle, qui retombaient dans leur ignorance et leur impuissance aussitôt après l'accès. C'est enfin et par-dessus tout un prodige de premier ordre : l'inspiré Claris reçoit de son inspiration l'ordre de se jeter dans les flammes ; le bûcher est dressé ; il se place au milieu d'un feu ardent, y reste un quart d'heure environné de flammes[2], priant et parlant en extase, et, quand tout le bois est consumé, en sort, au rapport de Faye, témoin oculaire, sans que ni ses cheveux, ni ses habits, ni sa camisole soient endommagés. Si ces faits sont véritables, et ils paraissent authentiques, ils ne sont sûrement pas naturels, surtout le dernier. L'incombustibilité des habits et des cheveux, et du corps entier, est un prodige absolument inexplicable selon les lois de la nature.

2° On doit appliquer la même règle aux miracles du diacre Pâris, au moins à certains actes extraordinaires qui se sont produits au cimetière de St-Médard, autour de son tombeau. Si on met de côté les convulsions et les extases journalières, qui pourraient, à la rigueur, être attribuées à l'hystérie, on se trouve en face du prodige étrange des secours administrés aux convulsionnaires. On y employait des barres de fer de la grosseur du doigt, des pilons en fer pesant jusqu'à quarante-huit livres, des chenets de vingt-cinq à trente livres. Les hommes les plus robustes manœuvraient ces engins et en frappaient de toutes leurs forces les inspirées dans le creux de l'estomac. Gabrielle, la plus célèbre de toutes, en recevait jusqu'à quatre-vingt-dix coups, quelquefois cent et plus ; elle en éprouvait, à l'entendre, un tel bien-être qu'elle s'écriait après chaque coup : « Plus fort ! plus fort ! ». D'autres fois elle se faisait entourer le sein du

---

1. De Bonniot, *loc. cit.*, p. 203-207.
2. Peyrat, *Hist. des pasteurs du désert.*

tranchant de quatre pelles, et pour la soulager les opérateurs appuyaient sur ces pelles de toute leur force.

Le secours des épées était plus effroyable encore. Cette
même Gabrielle et ses imitatrices, après s'être appuyées
le dos à la muraille, prenaient les plus effilées des épées que
leur présentaient les hommes d'armes accourus à ces spectacles, en appliquaient la pointe aiguë contre leur poitrine,
et ces épées, poussées avec effort par ces mêmes hommes,
se pliaient plutôt que de pénétrer dans les chairs.

Mais le secours qui surpasse tous les autres est celui de
la crucifixion. Quelques-unes de ces infortunées se faisaient
crucifier pour imiter la passion du Sauveur. La Condamine,
au rapport du *Journal* de Grimm, fut témoin d'une de ces
scènes. Le 13 avril 1750[1], deux femmes furent crucifiées en
même temps en sa présence. L'une d'elles, nommée Fran-
çoise, l'avait déjà été deux fois. Ce jour-là, elle resta trois
heures et quart sur la croix. Durant un quart d'heure, la cru-
cifiée fut mise la tête en bas, et pendant ce temps elle récitait
la passion à haute voix. Ensuite on lui appliqua douze épées
nues à la poitrine, avec assez de force pour que plusieurs
aient plié, entr'autres celles du marquis de la Tour du Pin,
brigadier des armées du Roi. Pour terminer, on lui fit une
blessure au côté, avec une lance qui pénétra de trois lignes
environ. Carré de Montgeron[2], le disciple fervent du diacre
Pâris, le témoin oculaire, quelquefois acteur dans ces dra-
mes extraordinaires, l'historien fidèle et surtout convaincu
des convulsions, rapporte huit miracles principaux opérés
au tombeau de son maître.

Puisque nos adversaires admettent leur réalité, il n'y a
aucune raison de la contester. Plusieurs même de ces prodiges ont été constatés par des actes authentiques, et ont
eu lieu devant une telle foule de témoins de toute sorte, que
l'illusion n'est pas plus admissible que la supercherie.

Dans quelle catégorie faut-il les classer? Les rationalistes, fidèles à leur théorie, les attribuent à la nature; et, au
lieu de les discuter en eux-mêmes et dans leurs circons-

1. Skepto, *loc. cit.*, p. 54-55.
2. De Bonniot, *loc. cit.*, p. 208-209.

10

tances, ils ont recours, comme toujours, à des analogies pour justifier leur sentiment. Et les écrivains [1] qui emploient cette methode illogique ne sont pas sans valeur ; on compte parmi eux des hommes d'un certain renom : Ernest Bersot, Louis Figuier, les Drs Bertrand, Hacquet, Cabanis et Montègre. Ils citent à l'appui des cas identiques d'insensibilité et d'invulnérabilité, naturelles selon eux.

Mais quand même on leur accorderait le bénéfice du phénomène d'insensibilité, qui semble peu admissible dans les cas où il s'est produit, il resterait toujours à expliquer l'invulnérabilité pour tous, Camisards et Jansénistes, et l'incombustibilité pour les Camisards en particulier. Qu'on équivoque tant qu'on voudra sur les principes et sur les faits, il n'y a pas d'état nerveux qui ait la vertu d'empêcher un corps tel que celui de l'homme, ainsi que les habits dont il est couvert, de brûler au milieu des flammes ardentes. Ce prodige s'est réalisé à Babylone [2], en faveur des trois jeunes Hébreux, mais grâce à l'intervention divine qui, ici, est exclue absolument.

Il est encore plus impossible peut-être d'expliquer comment des coups portés sur l'estomac des convulsionnaires, avec une telle violence que les murs de l'appartement en étaient ébranlés [3], qui semblaient devoir faire pénétrer jusqu'au dos le bout des formidables engins mis en œuvre, n'écrasaient aucun viscère, n'endommageaient aucun tissu, tandis qu'ils déchiraient les vêtements, brisaient les pierres et enfonçaient les murs si on les frappait avec la même force. Alléguer l'anesthésie, comme font nos auteurs, c'est ne rien répliquer de solide. Quand même elle serait réelle, l'invulnérabilité, la résistance des tissus cellulaires à une pareille action physique n'en resteraient pas moins merveilleuses et inexpliquées. On peut ne pas sentir le fer ou le feu, on n'en est pas moins incisé ou brûlé [4]. Qu'on ne souffre pas

1. Bersot, *Mesmer et le magnétisme animal*, p. 99. — Rivet, *La mystique divine*, t. III, p. 600-602. — Figuier, *Hist. du merveilleux*, t. I, p. 384 et 405-416.
2. Daniel, III, V. 94, p. 606.
8. Carré de Montgeron.
4. Rivet, *loc. cit.*

du coup qui meurtrit, de la pression qui écrase : soit ; on est
meurtri ou écrasé quand même. Les extatiques sont soumis à ces conditions comme les autres, à moins d'une préservation miraculeuse. Carré de Montgeron proclame cette
préservation pour les convulsionnaires, et Agénor de Gasparin[1] pour les Camisards, en dépit des préjugés de la secte
rationaliste dont il est le disciple. Ils ont raison, ce sentiment
est le seul rationnel. Mieux vaudrait, dans l'intérêt de la
cause, nier les faits ; mais on ne l'ose pas, en présence des
témoignages irréfragables qui les attestent.

Alors il faudra en conclure que ces phénomènes sont divins : « Vous ne l'osez pas, nous répliquent nos adversaires.
Vous craignez, et avec raison, de mettre au compte de la
religion, de la Divinité par là même, des scènes inconvenan-
tes, ridicules, honteuses, criminelles quelquefois, comme
les meurtres, l'incendie, les abominations observés chez
les bandes des Camisards. »

Pour ceux de nos adversaires qui, retenus par le sentiment de leur dignité naturelle, ne sacrifient pas leur conscience au fanatisme irréligieux, il n'y a pas d'autre issue :
il n'en est pas de même pour nous. Ainsi que nous l'avons
observé, la foi reconnaît deux surnaturels : le divin et le
diabolique. Les faits allégués ici ne sont certainement pas
divins : Dieu ou ses anges ne produisent rien d'immoral, de
ridicule, d'injuste ou complice du crime, ni d'opposé à la
vérité. Or ces faits, tant ceux des Camisards que ceux des
jansénistes, sont, de l'aveu des rationalistes, entachés de tous
ces vices, ou au moins de quelques-uns. Leur principe ne
saurait donc être une cause sainte ; elle est nécessairement
malsaine, ou diabolique. Je défie nos savants incrédules de
sortir de ce cercle sans faire violence à la raison.

Les analogies invoquées pour faire échec aux possessions
évangéliques n'ont par conséquent aucune valeur. Elles les
confirment au contraire, l'action démoniaque n'étant pas
moins évidente à une époque qu'à l'autre, aujourd'hui comme
au temps de Notre-Seigneur Jésus-Christ.

1. Agenor de Gasparin, *Les tables tournantes.*

XI. — Moralité de l'hypnotisme.

La question présente est facile à résoudre. Tous les auteurs qui ont écrit sur l'hypnotisme s'accordent à en considérer la pratique comme dangereuse : ses partisans mêmes les plus zélés, les chefs d'école, tels que MM. Charcot et Bernheim, le proclament hautement. Ils en blâment unanimement la liberté absolue ; et non seulement ils demandent une sévère répression, mais ils en réclament le monopole pour la faculté médicale. C'est aussi l'avis adopté, après discussion solennelle, par le Congrès international de l'hypnotisme expérimental et thérapeutique tenu à Paris en 1889.

Dès sa première séance, ce Congrès a émis les vœux suivants : « Vu les dangers des représentations publiques de » magnétisme et d'hypnotisme ; — considérant que l'em- » ploi de l'hypnotisme comme agent thérapeutique rentre » dans le domaine de la science médicale, et que l'ensei- » gnement officiel de ses applications est du ressort de la » psychiatrie : — 1° Les séances publiques d'hypnotisme et » de magnétisme doivent être interdites par les autorités ad- » ministratives, au nom de l'hygiène publique et de la police » sanitaire ; — 2° la pratique de l'hypnotisme, comme » moyen curatif, doit être soumise aux lois et aux règlements » qui régissent l'exercice de la médecine ; — 3° il est dési- » rable que l'étude de l'hypnotisme et de ses applications » thérapeutiques soit introduite dans l'enseignement des » sciences médicales. »

Quoi qu'il advienne de ces décisions et aspirations, on est autorisé à conclure : la pratique de l'hypnotisme est dangereuse et elle peut devenir facilement criminelle.

I. — L'hypnotisme n'est pas une de ces pratiques indiffé- rentes qu'on puisse généralement se permettre comme simple amusement : c'est au contraire une opération sérieuse qui peut avoir de très graves inconvénients, devenir nuisible pour ce que l'homme a de plus précieux, même de plus sacré, pour la santé, les mœurs, la raison. « Ce n'est pas impunément, écrit M. l'abbé Méric[1], qu'un sujet se prête aux

1. Méric. *loc. cit.*, l. III, ch. III, n° 1, p. 415.

expériences du magnétisme et soumet son système nerveux à des expériences toujours graves, quelquefois même redoutables à la santé. » Le savant auteur en donne aussitôt la raison.

1° L'hypnotisme fait éclore dans les personnes névropathes, si nombreuses aujourd'hui, la cruelle maladie de l'hystérie, qui éclate lorsqu'une occasion favorable se présente, et qui devient plus redoutable dans les personnes qui en sont déjà affectées ; elle en exagère considérablement les effets. M. de la Tourette partage entièrement cette conviction. A son avis[1], « si l'hypnotisme est un des agents thérapeutiques les plus précieux de l'hystérie, il n'en est pas moins aussi un des meilleurs excitateurs ; et il vaut mieux vivre en paix avec des névralgies passagères que de risquer des phénomènes convulsifs, sans compter les complications qui les accompagnent, et que des hypnotiseurs ultérieurs n'auraient pas toujours le pouvoir de faire cesser. »

2° L'hypnotisation, si elle est souvent répétée, expose aux contractures rebelles, aux paralysies, aux attaques convulsives, comme vient de l'affirmer M. de la Tourette, à un ébranlement cérébral des plus nuisibles à l'économie générale. En vue de ces résultats qu'il avait constaté dès ses premières séances magnétiques, Mesmer avait fait préparer un salon matelassé pour y déposer les sujets saisis par ces crises : on le nommait l'Enfer des convulsions.

3° L'habitude de l'hypnotisation fait contracter la tendance à tomber dans la catalepsie ou le somnambulisme. A la suite d'une excitation nerveuse, au moindre bruit, les sujets sont atteints d'une diathèse spasmodique, et déséquilibrés ; c'est un état morbide des plus dangereux.

M. Skepto, l'admirateur passionné de la puissance de l'hypnose, exposant à son tour les suites fréquentes de ces redoutables phénomènes, confirme les assertions de M. Méric et justifie pleinement ses appréhensions. Il s'exprime en ces termes : « Il s'en faut de beaucoup que ces expériences

1. Méric, *loc. cit.*, t. 1, ch. V, p. 134. — Gilles de la Tourette, *loc. cit.*, ch. X, p. 198-199.
2. Gilles de la Tourette, *loc. cit.*, p. 301.

soient sans danger. Elles peuvent développer les germes latents d'affections nerveuses. Plusieurs sont devenus fous ou épileptiques. Le professeur Lombroso, de Milan, parle d'officiers italiens qui sont restés incapables d'exercer leurs fonctions, après s'être prêtés à ces expériences de fascination. Certains s'endormaient subitement à la tête de leurs régiments, dès que leurs regards s'attachaient à quelque point brillant. D'autres étaient fascinés par les lanternes d'une voiture et se précipitaient à fond de train sur cette lumière, au risque de tout écraser et de se faire écraser. » Ces faits sont significatifs et démontrent tristement les dangers de l'hypnotisme.

Aussi les gouvernements se sont-ils émus de ces accidents multipliés et ont-ils pris des mesures sanitaires contre l'envahissement de la maladie hypnotique. En Autriche, les expériences publiques furent interdites à Hansen, magnétiseur de profession, et, en Italie, au célèbre Donato, à la suite d'accidents graves que l'un et l'autre avaient provoqués. Un des considérants du rapport du Conseil supérieur de santé, à Rome, porte : « Retenant que l'hypnotisation peut être nuisible pour les personnes qui y sont soumises ; et insistant sur ce fait, que ce dommage peut être plus grand chez les adolescents, les névropathes, les individus excitables ou affaiblis par d'excessifs travaux d'esprit, personnes qui toutes ont droit à une plus grande protection de la part de la société...; ces spectacles doivent être interdits. » Un des opérateurs de la Salpêtrière cite ce document et ajoute[1] : « Nous espérons bien que cette conclusion ne tardera pas à être également appliquée dans notre pays. »

Deux autres faits à joindre à ceux cités par M. Skepto, et pris entre cent autres du même genre rapportés par les auteurs, justifieraient pleinement, au besoin, cette espérance du savant docteur, si toutefois elle avait besoin de l'être. Le Dr Charpignon, d'Orléans, raconte qu'une jeune fille, souvent magnétisée, resta sous l'influence de cet état, même après qu'on eût cessé de la magnétiser ; elle s'endormait à

1. Gilles de la Tourette (cité par Méric, p. 418-420), *L'hypnotisme et les états analogues*, ch. XIII, p. 817.

chaque instant et tombait très souvent dans un somnambulisme spontané. Le dégoût de la vie s'ensuivit, et, six mois après, elle alla se jeter dans la Loire[1]. M. le D' Bremaud, de la Salpêtrière, préconise un procédé à lui, et d'une déplorable efficacité. Selon lui, la première fois qu'on présente un sujet, il est très utile, — il en a l'expérience, bien entendu — pour faciliter l'état nerveux, de provoquer en lui tout d'abord un certain degré de congestion encéphalique, soit en le faisant tourner rapidement sur lui-même, soit en le faisant se tenir un certain temps la tête rapprochée du sol. « C'est, observe avec raison M. Janet[2], commencer par lui donner une congestion cérébrale. Cela fait, on procède à l'expérience, et on la répète assez souvent pour qu'elle devienne habituelle. Qu'arrive-t-il alors ? Je regarde vivement, brusquement le sujet, l'effet est foudroyant, la figure est injectée, l'œil est grand ouvert, le pouls, de 70, est passé à 120. Qu'est-ce que tout cela, si ce n'est pas une maladie provoquée ? » « Nous ne pouvons, conclut-il sagement, nous empêcher de protester contre de semblables expériences ». C'est plus qu'il ne faut pour établir indubitablement la première partie de la thèse : l'hypnotisme est dangereux pour la santé.

M. Bernheim[3] ne partage pas ce sentiment. A l'entendre, l'hypnotisation est inoffensive, quand celui qui y a recours est expert dans cet art. Il se pose cette question : « L'hypnotisation par elle-même est-elle dangereuse pour celui qui y est soumis ? Je n'hésite pas à affirmer, fort de l'expérience acquise, que, lorsqu'elle est bien maniée, elle n'offre pas le moindre inconvénient. Elle ne trouble en rien les fonctions de la vie organique. » Cependant l'éminent praticien pose de telles conditions à cette innocuité, et il exige tant de précautions, pour qu'elle se réalise, que sa négation est un aveu implicite du danger.

Il avoue d'abord que, la première fois, les crises ner-

---

1. *Physiologie du magnétisme*, p. 297 et suivantes.

2. Janet, *De la suggestion et de l'hypnotisme.* (*Revue politique et littéraire*, 9 août 1884.)

3. Bernheim, *loc. cit.*, 2e partie, ch. II, p. 575.

veuses peuvent avoir lieu. Mais il se hâte d'ajouter que ces symptômes, dus à l'émotion morale, à un sentiment de crainte, disparaissent dans les séances suivantes, à la faveur d'une suggestion calmante, qui ramène une confiance tranquille. Jamais, pour lui, dans sa longue pratique, il n'a vu d'inconvénient succéder au sommeil provoqué[1]. Nous venons de voir que tous ne sont pas de son avis, même parmi les hypnotiseurs de profession.

Il avoue, en second lieu, que quelques personnes, après avoir été hypnotisées un certain nombre de fois, conservent une disposition facile à s'endormir spontanément, comme la jeune fille dont M. Charpignon nous a raconté la lamentable histoire, ou comme les officiers livrés aux fascinations de Donato. Mais, pour obvier à cet inconvénient, il n'y a qu'à affirmer au sujet qu'une fois éveillé, il le sera complètement, et ne pourra plus se rendormir spontanément pendant la journée. Le procédé est commode indubitablement. Mais la tendance somnifère, qu'est-ce qui prouve qu'elle ne sera pas produite, et qu'après avoir couvé, pendant un certain temps, à l'état latent, elle ne se développera pas à la première occasion favorable ? Les faits cités sont là pour en légitimer la crainte.

Il avoue, en troisième lieu, que des misérables pourront se servir de cette propension pour abuser de la personne, puisque le premier venu, par une simple occlusion des yeux, est à même de la replonger en somnambulisme. Notre docteur n'est pas plus embarrassé de ce dernier cas que des précédents : le remède est à côté du mal, et il suffira encore de dire à l'hypnotisé, pendant le sommeil : « Personne ne pourra plus vous endormir, si ce n'est votre médecin, pour vous soulager. » L'ordre s'exécute à la lettre. Il cite, pour preuve, un cas de ce genre, arrivé à lui-même et à M. Liébault. Nous répondons que ce fait prouve bien qu'il est possible de parer aux funestes effets de l'hypnotisme, mais non qu'il soit absolument inoffensif. Les accidents nombreux qu'il a produits prouvent abondamment le contraire, quand

1. Bernheim, *loc. cit.*, p. 678.

même on les attribuerait à l'ignorance ou à l'inexpérience des opérateurs. Les toxiques sont-ils moins nuisibles pour la santé, parce que d'habiles praticiens peuvent en neutraliser le pernicieux principe, les rendre même bienfaisants? M. Bernheim est évidemment trop confiant et optimiste, et trop nombreux sont ceux qui ne partagent pas son opinion pour ne pas maintenir que l'hypnotisme est un danger réel pour la santé.

II. — M. Méric[1], en même temps qu'il parle des dangers des expériences hypnotiques pour la santé, affirme qu'elles ne sont pas moins redoutables pour la raison. Tous les auteurs conviennent que l'hypnotisation répétée expose à un ébranlement cérébral « qui peut aller jusqu'à la folie ». « Je ne sais plus ce que je deviens », disait une pauvre femme souvent hypnotisée, à son magnétiseur, M. Gilles de la Tourette[2] ; « je ne sais plus ce que je fais... Je suis trop fatiguée ; on m'endort tous les soirs ; je ne sais plus où j'en suis; je n'ai plus l'ombre de volonté ; je crois que je deviens folle. » Ce résultat est facile à comprendre, si on se rend compte des effets multiples de l'hypnotisation, tels que nous les avons signalés au chapitre troisième, en constatant leur réalité.

Ainsi, par la léthargie et la catalepsie, on s'empare totalement du corps d'un sujet, on le rend inerte, inconscient ; par le somnambulisme, on va plus loin, on s'empare de son âme, et on la domine, on la dirige, on lui inspire toutes les idées que l'on veut. Plus que cela, on la dépouille de ses plus nobles facultés, on la réduit à une sorte d'idiotisme. A la fantaisie de l'hypnotiseur, l'imagination, la sensibilité, la volonté, la mémoire, la conscience disparaissent ou ne fonctionnent plus d'une façon normale.

L'imagination est désorientée par des hallucinations positives ou négatives, ou mixtes. On trouble profondément ses rapports avec le monde extérieur. A son réveil, les yeux ouverts, marchant et agissant comme toute autre, la personne hypnotisée ne verra pas ce qu'un autre voit, n'entendra pas

1. Gilles de la Tourette, *loc. cit.*, ch. X, p. 807 et suiv.
2. Idem, *ibid.*, ch. IV, p. 164.

ce qu'il entend ; elle verra ce qui n'est pas, elle entendra
ce qui n'existe pas, et cela avec une conviction qui défie
toute négation, avec l'énergie de la parfaite sincérité. —
La sensibilité, entièrement asservie, est à la merci du
magnétiseur. Il peut, à la parole, faire éprouver au sujet
les sentiments et les sensations qu'il lui plaira : l'amour,
la haine, la jalousie, l'effroi, la joie de l'extase, les convoi-
tises lubriques ; il peut faire que ces affections ou sensations persistent après le réveil. — La volonté est énervée,
anéantie La conscience est oblitérée, le sens moral est atteint, la distinction du bien et du mal, du juste et de l'injuste n'est plus comprise. L'hypnotisé est un monomane
qui réalise, sans le savoir, le rêve de son imagination, ou
mieux, selon l'observation si juste du Dr Barth[1], « c'est un
aliéné véritable ; son intelligence est faussee dans ses plus
secrets ressorts : il n'a ni plus de personnalité, ni plus de
responsabilité qu'un fou ». — La mémoire surtout est complètement transformée. Si le magnétiseur l'ordonne, au réveil on ne se souviendra de rien, on aura oublié tout ce
qui a été dit, tout ce qui s'est fait ; seulement, s'il a prescrit
une action quelconque, bonne ou mauvaise, au moment
fatal, le souvenir du commandement renaîtra ; mais après
le coup, l'oubli le plus complet le suivra.

Nous retrouvons ici M. Bernheim et son expérience. Il
réédite pour la raison ce qu'il a dit pour la santé : l'hypnotisation n'a de dangers que lorsqu'elle est maniée par
des hommes inhabiles ou peu experts : « On m'objectera :
le cerveau s'engourdit, l'intelligence est déprimée, l'action
cérébrale diminue, le sujet tombe et reste dans un état de
torpeur intellectuelle. — L'expérience peut seule répondre.
J'ai endormi des personnes très intelligentes, pendant des
mois et même des années, journellement, même deux fois
par jour, et jamais je n'ai constaté le moindre préjudice
apporté aux facultés de l'entendement ; l'initiative cérébrale persistait aussi active ; elle devenait quelquefois plus
active, plus libre... Le sommeil hypnotique, par lui seul, est

1. Barth, *Du sommeil naturel*, p. 137. — Méric, *loc. cit.*, p. 267.

bienfaisant et exempt d'inconvénients, comme le sommeil réel. » M. l'abbé Méric partage entièrement cette confiante opinion ; il affirme, à son tour : « que l'hypnotisme exercé par des médecins[1], dans des conditions déterminées, ne présente pas les dangers physiques, moraux, religieux et sociaux inhérents à l'hypnotisme pratiqué par des misérables et des histrions ».

Je ne contredirai pas les deux éminents professeurs : leur science, leur expérience et le point de vue auquel ils se placent ne me le permettent pas ; mais je n'en continuerai pas moins à croire qu'une pratique dont les abus sont si faciles et si multipliés, et qu'il n'est possible d'éviter qu'au moyen de précautions nombreuses et hors de la portée d'une science ordinaire, est une pratique vraiment dangereuse pour la raison comme pour la santé. Du moment qu'il faut être presque un savant spécialiste pour s'occuper de ces phénomènes et les empêcher de produire leurs pernicieux effets, le péril existe, qu'il vienne de leur nature propre ou des circonstances qui toujours les accompagnent. Je crois que la discussion roule ici sur la pointe d'une aiguille. Les nuances qui distinguent les deux opinions sont si peu tranchées que, pratiquement, ces opinions se ressemblent et aboutissent au même résultat, à la constatation d'un réel danger.

III. — Funeste pour la santé et la raison, l'hypnotisme peut le devenir tout autant pour l'honneur, la probité et les bonnes mœurs.

Nous l'avons constaté, l'hypnotisé est un esclave à la merci de son magnétiseur. Celui-ci a le pouvoir de lui inspirer à volonté les plus folles passions. Si donc il lui commande de se livrer, à son réveil, à des tentatives de corruption, ou de se souiller lui-même par les actes les plus honteux, il verra s'exécuter ponctuellement ses ordres. Cet infortuné lui appartient corps et âme : et il lui sera facile, abusant de son pouvoir absolu, de le porter jusqu'au crime. Qu'il lui ordonne alors de commettre un attentat quelconque, et l'attentat sera consommé avec une précision mathé-

1. *Revue de l'hypnotisme*, 1er oct. 1888, p. 110.

matique, sans hésitation, sans pitié, et, ce qui est plus
déplorable encore, sans conscience de la criminalité de
l'acte, quelque cruel et odieux qu'il soit. Par exemple, le
misérable hypnotiseur pourra suggérer à sa victime de poi-
gnarder à tel lieu, à telle heure, la personne dont il veut la
mort, et il sera fatalement obéi. Et s'il le lui prescrit, le
meurtrier ne se souviendra de rien, ni de l'opérateur, ni de
son ordre, ni même du crime commis. Devant les tribunaux,
il niera le fait de bonne foi, sans pouvoir donner la moindre
indication ; et lorsque le juge prononcera sa condamnation,
il l'entendra avec l'intime conviction de sa parfaite innocence. La justice, au moyen de cet asservissement insaisis-
sable, est susceptible d'être induite en erreur d'une façon
plus odieuse encore. Le scélérat qui a poussé au crime
a-t-il un autre ennemi qu'il veut perdre ou déshonorer ? il
enjoindra à son sujet de dénoncer cet innocent comme
auteur de l'assassinat, et il sera fait ainsi.

Tel est l'enseignement formel des savants expérimentateurs de la Salpêtrière et de Nancy[1]. « L'hypnotique[2], écrit
l'un d'eux, M. Binet, peut devenir un instrument de crime
d'une effroyable précision, d'autant plus terrible, qu'après
l'accomplissement de l'acte, tout peut être oublié, l'impulsion, le sommeil et celui qui l'a provoqué. » M. Bernheim[3],
dans son ouvrage sur la suggestion, rapporte plusieurs expériences de ce genre. Au chapitre VIII, il va jusqu'à admettre
que la fameuse affaire Tisza-Eslar, qui a tant ému le public,
en Autriche et dans l'Europe, n'était au fond qu'un résultat d'hypnotisation : le jeune Moritz, l'enfant dénonciateur
du meurtre accompli dans la synagogue, avait été hypnotisé par le commissaire de sûreté, ennemi juré des juifs, et,
ainsi préparé, il répétait toujours, dans les mêmes termes,
la même affirmation. L'apologie est étrange ; mais cela
prouve du moins la confiance de M. Bernheim dans l'hypnotisme.

1. Nous croyons devoir faire les plus formelles réserves sur la suppres-
sion complète du libre arbitre chez les hypnotisés (*Note de la Dir.*).
2. Binet et Ferré, *Le magnétisme animal*, p. 219. — Méric, p. 415.
3. Bernheim, *loc. cit.*, ch. III, p. 84 et chap. VIII, p. 98-102-103.

Cependant, nous l'avons vu, produire ces phénomènes, si funestes parfois, est un passe-temps pour les habitués des cliniques de la Salpêtrière, de Charenton et de Nancy. « Voyez-vous ce malade, disait dernièrement M. Bernheim, au cours d'une expérience, à un des spectateurs venus exprès pour la suivre, en lui désignant un homme de trente ans. Je vais l'hypnotiser et lui faire commettre, en votre présence, un crime imaginaire. » Et il opérait sur cet infortuné. Puis il ajoutait : « Si je lui commandais de descendre et de se faire écraser sous les roues du tramway qui passe dans la rue, il m'obéirait sans hésiter. »

Il est entièrement inutile d'insister davantage sur ce point ; tous, partisans et adversaires, sont d'accord pour reconnaître cette puissance illimitée du magnétiseur sur son sujet. La criminalité possible et souvent réelle de l'hypnotisme est par là même formellement établie. M. Bernheim n'en est certainement point épouvanté. Si on le pressait, je prévois quelle serait sa réponse : « Tous ces faits sont le résultat de l'abus. Laissez ce pouvoir aux mains d'hommes instruits, de probité et d'honneur, et tous les dangers disparaîtront. » Soit ; mais il n'en est pas moins vrai que la pratique de l'hypnotisme est dangereuse et peut conduire facilement au crime.

IV. — Que faire alors ? Condamner l'hypnotisme en bloc, déclarer sa pratique illicite et l'interdire ? Ce serait le parti le plus simple et le plus commode ; mais serait-il le plus opportun et le plus sage ? Je ne le crois pas.

L'exposé que nous venons de faire prouve évidemment que l'hypnotisme est très dangereux, mais ne démontre pas, même après toutes les réserves que nous avons faites, qu'il est intrinsèquement mauvais. Les nombreux phénomènes du domaine de la nature qui s'y rattachent, ainsi qu'il a été reconnu au chapitre IV, prouvent le contraire. D'où il suit que ce sont les circonstances qui l'accompagnent parfois qui en vicient la nature ou l'usage. Quelle immoralité peut-il y avoir, en effet, à endormir une personne, à diriger sa volonté, à déterminer ses actes ? Nous le faisons tous les jours, à chaque instant, vis-à-vis des enfants, même des adultes, sans que la conscience nous le reproche : pourquoi n'en serait-il pas ainsi quand il s'agit d'arriver à un résultat identique par l'hypnotisme, puisque, dans l'un comme dans l'autre cas, on emploie des moyens naturels ? Il me semble qu'il est impossible de le nier.

Mais les immoralités, les crimes, les attentats de toute espèce dus à l'hypnotisation ? — Ce sont là des circonstances ajoutées au phénomène, et non ses fruits propres et inévitables. Ainsi, on se propose une fin illicite, coupable, on a l'intention de nuire, et on nuit : c'est une action mauvaise. Mais si on agit dans un but licite, en vue de guérir ou de moraliser une personne ; si, en outre, on prend, pour prévenir les accidents, toutes les précautions que la science, l'expérience, la prudence conseillent, l'acte d'hypnotisation ne saurait être condamnable. Les abus auxquels le font servir de pervers opérateurs ne lui sont point imputables.

Dira-t-on qu'on ne voit aucun but utile dans la pratique de ce redoutable phénomène, et que l'abus en est presque inséparable ? Ce serait une erreur et une exagération tout à la fois ; en effet, M. Bernheim a écrit, pour la dernière édition de son ouvrage sur la suggestion, une seconde partie[1] où il traite de l'application thérapeutique de la suggestion, et où il rapporte un grand nombre de guérisons obtenues par ce moyen.

D'autres croient que, puisqu'il est possible d'inspirer de mauvais sentiments par l'hypnose, il est tout naturel de pouvoir en suggérer de bons. Ils en concluent la possibilité de moraliser par elle, et conseillent de l'employer, à ce titre, dans les maisons d'éducation, pour corriger les enfants de leurs penchants mauvais, et leur implanter dans le cœur le germe des vertus contraires. Si l'organisme si frêle de l'enfance ne comporte pas une pareille expérience, il y aurait moins d'inconvénients chez les adultes. Plusieurs médecins affirment d'ailleurs avoir obtenu de vrais succès.

Il y aurait d'autre part exagération à ne voir jamais que les abus de l'hypnotisme. S'il existe des misérables, il y a

1. Bernheim, *loc. cit.*, II° partie, ch. II, et avant-propos.

aussi des cœurs droits et honnêtes. Le nombre des premiers
est plus grand, sans contredit, et ce nombre suffit pour
justifier nos alarmes et nos restrictions ; il n'en est pas
moins vrai cependant que l'abus n'est pas inhérent à la
chose. Le D⁣ʳ Barth, très compétent en la matière, nous paraît résumer sagement la question[1]. « Très utile, écrit-il,
dans certaines formes de maladies nerveuses, où l'on peut,
grâce à ce puissant moyen, soulager des maux rebelles à
toute médication, inoffensif lorsqu'il est appliqué avec mesure, dans un but scientifique, l'hypnotisme offrirait les
plus sérieux dangers s'il devenait soit un passe-temps à
l'usage des oisifs, soit un moyen pour les gens nerveux de
satisfaire leur besoin ou leur recherche inquiète de sensations inconnues. »

Ces données admises, un but scientifique, le désir de s'instruire pour ensuite instruire les autres, et surtout pour leur
être utile dans leurs maladies ou leurs infirmités, paraîtrait
donc une raison légitime de pratiquer l'hypnotisme.

Mais alors, une condamnation ne serait pas légitime ? —
Si cette condamnation impliquait l'hypnose dans toutes ses
phases et ses phénomènes, sans distinction de ce qui est
utile ou nuisible, de ce qui est du domaine de la nature et
de ce qui le dépasse, non, cette condamnation ne serait
pas à l'abri de toute critique. Si, au contraire, séparant
les abus des pratiques inoffensives et non entachées de
superstition ou d'immoralité, elle ne visait que ces abus,
elle serait en tout irréprochable.

C'est pour n'avoir pas tenu compte de cette indispensable distinction, qu'un des prélats les plus haut placés en
Europe, Mgr Sancha Hervas, évêque de Madrid-Alcala,
s'est attiré dernièrement les sévères protestations de plusieurs savants[2], même dans les rangs du clergé. Dans une
remarquable lettre pastorale, il examine en détail toutes
les explications plus ou moins scientifiques au moyen des-
quelles les partisans de l'hypnotisme essaient d'en nier le
caractère surnaturel : il en fait l'histoire, depuis ses origi-

1. *Revue, loc. cit.*, p. 118.
2. *Revue de l'hypnotisme*, 1ᵉʳ juin 1888, p. 177.

nes jusqu'à ces derniers temps, et après en avoir énuméré ces phénomènes, il les caractérise et en condamne toute pratique, même au point de vue thérapeutique.

Les considérants, destinés à justifier cette mesure, sont : 1° « que dans les conditions périlleuses où l'hypnotisme s'est manifesté, on ne trouve pas, dans l'emploi des moyens physiques pour produire des phénomènes qui ne sont pas naturels, la proportion rationnelle qui doit toujours exister entre la cause et ses effets ; — 2° que, à ce point de vue, cette pratique est condamnée par notre sainte Mère l'Église, comme entachée de super   n et d'hérésie ; — 3° qu'on doit la tenir pour réprouv   toutes les fois que la personne qui y aura été soumise ne pourra s'en tirer..... sans un grave dommage pour sa dignité, sans l'affaiblissement de sa conscience, sans de répugnants désordres dans les affections de son cœur, sans un amoindrissement de sa liberté, et sans de grands desordres dans tout son être. »

Cette exposition est lumineuse, ces considérants sont vrais et fondés. La condamnation cependant porte à faux : elle est trop absolue. Sans aucun doute, les abus exposés ici sont condamnables et doivent être condamnés ; mais les pratiques qui n'en sont point entachées ne peuvent être enveloppées dans le même anathème sans un grave inconvénient. La science d'abord reclame. Le public, étonné de ce conflit, examine à son tour ; et, éclairé par les expositions scientifiques, et plus encore par les expériences qui se multiplient sous ses yeux, il finit par s'apercevoir que tous les phénomènes ne sont ni dangereux au même degré, ni même répréhensibles ; et passant d'une aveugle confiance à une défiance excessive, il rejette, sans distinction, toutes les prescriptions de ses guides légitimes. C'est déplorable, mais c'est inévitable dans l'ordre des choses humaines. Le conseil donné, à ce sujet, par M. Méric, dans sa respectueuse critique de la défense portée par Mgr de Madrid, est plein de sagesse[1]: « Qu'on prenne garde aux condamnations précipitées et aux réfutations sommaires : on ne résoud pas

1. *Revue*, 1er oct. 1888, p. 118.

par un coup violent les problèmes qui tourmentent l'esprit de l'homme, dans les épaisses ténèbres où s'écoule sa vie. »

Malgré ces conclusions si sages et si pleinement motivées, un auteur que nous avons déjà combattu, le P. Franco[1], n'en persiste pas moins à condamner toute pratique hypnotique, pour les mêmes motifs que Mgr l'évêque de Madrid, « parce que *tous* les phénomènes, même les plus simples, portent les traces du préternaturel » et, à son sens, de préternaturel malsain ou diabolique. D'où cette conclusion[2] : « Nous estimons, sans aucune hésitation, qu'il n'est pas permis de provoquer seulement le sommeil hypnotique, la catalepsie, le somnambulisme, même simple, les mouvements musculaires et nerveux, et autres phénomènes plus élémentaires ». Il est, en cela, conséquent avec ses principes : du moment que, selon sa pensée, dans le phénomène le plus insignifiant il y a intervention diabolique, il n'est pas permis d'y recourir.

Il comprend cependant qu'une pareille décision pourra paraître rigoureuse à beaucoup d'autres casuistes. Aussi ajoute-t-il immédiatement : « Mais, en même temps, nous ne condamnons pas ceux qui, n'étant pas convaincus par nos raisons, se permettent de provoquer ces phénomènes ; nous ne voulons pas blâmer les théologiens, les médecins, les fidèles en général qui, découvrant de nouvelles raisons que nous ne connaissons pas, tolèrent ces faits. » Un peu plus loin (p. 268), il se montre encore moins sévère, il accorde tout ce que ses adversaires réclament. Il se pose cette question : « Ces phénomènes pourraient-ils être tolérés ? » ; et il répond : « Dans l'état actuel des sciences naturelles, telles que nous les connaissons, aucun phénomène ne nous semble à permettre ni à tolérer. Mais nous ne condamnons pas ceux qui tolèrent le sommeil hypnotique et quelques phénomènes musculaires, nerveux et autres semblables, suggérés pendant la catalepsie ou le somnambulisme. Peut-être qu'on étendra la tolérance jusqu'à certaines suggestions à échéance, pour empêcher le retour du mal. »

Pourquoi cette charge à fond, durant tout un volume de

1. Franco, *L'hypnotisme redevenu à la mode*, ch. XXXII, § 8, p. 250.
2. Franco, *loc. cit.*, p. 236.

près de 400 pages, pour aboutir à cette capitulation et surtout à cette contradiction plus qu'étrange? De deux choses l'une : ou le P. Franco est convaincu du caractère diabolique de l'hypnose, dans toutes ses phases, ou il ne l'est pas. S'il ne l'est pas, pourquoi son livre? S'il l'est, comme il l'affirme et comme son écrit le prouve, comment peut-il tolérer la pratique contraire? Est-ce que d'aucune manière il est permis d'entrer en relation avec l'esprit du mal? Avec sa conviction, le P. Franco n'a qu'une réponse à faire, celle que commandent la vérité et la vertu : *Non licet.* Mais désapprouver, blâmer et condamner l'hypnotisme comme la plus honteuse des apostasies, et cependant le tolérer, serait une transaction de conscience indigne d'un cœur honnête.

Mais, du fait de cette humiliante capitulation se dégage une précieuse vérité, qu'il est bon d'enregistrer: le caractère diabolique universel de l'hypnotisme n'est pas soutenable, ses plus chauds partisans étant obligés de mitiger leur opinion pour la rendre tolérable. En droit, tout est répréhensible ; en fait, beaucoup de phénomènes sont irréprochables : voilà leur conclusion.

Les adversaires de l'école Franco sont d'ailleurs nombreux et comptent parmi eux des savants de mérite. Plusieurs, en outre, ne sauraient être suspects au point de vue orthodoxe. Ce sont, en premier lieu, les savants auteurs qui nous ont servi de guides dans cette étude : M. l'abbé Méric, qui a si laborieusement et si consciencieusement étudié le problème ; le Dr Ferrand, un médecin instruit et tout à la fois un vrai croyant ; le R. P. de Bonniot, de la Société de Jésus, comme le P. Franco, qui croit pouvoir expliquer physiologiquement quelques-uns des phénomènes même de l'ordre supérieur[1]. Ce sont, en second lieu, les Drs Charcot et Bernheim, les deux chefs éminents de la nouvelle science, et en même temps deux hommes d'honneur. Ce sont, en outre, les écrivains remarquables de diverses revues scientifiques religieuses. Ceux de la revue *La Controverse et le Contemporain*[2],

1. De Bonniot, *loc. cit.*, ch. VI, § III, p. 255.
2. *La Controverse et le Contemporain*, 15 février et 15 mars 1888. — *Revue des sciences ecclésiastiques*, 1888, p. 8.

penchent, il est vrai, pour l'intervention diabolique à tous les degrés, mais ils professent la plus large tolérance pour l'opinion contraire. Ceux de la *Revue des sciences ecclésiastiques*, mettant de côté toutes les réserves méticuleuses et les conditions de moralité des premiers, proclament tout simplement la liberté de l'hypnotisation.

Je ne le nie pas, les avis sont partagés, mais le grand nombre est en faveur de la licité, quand il s'agit des phénomènes simples, purement somatiques, employés en vue du bien et surtout comme moyens thérapeutiques. D'où cette conclusion exprimée déjà plusieurs fois dans ce chapitre : donc l'hypnotisme ne doit pas être condamné en bloc, et surtout comme intrinsèquement mauvais.

C'est vrai, la science, malgré ses efforts et ses découvertes, « n'est pas encore parvenue à dépouiller ces phénomènes étranges de tout merveilleux[2] » ; mais il y a merveilleux et merveilleux : tout merveilleux n'est pas surnaturel, et encore moins diabolique. La nature nous présente partout des mystères : pour ne pas sortir de la sphère physiologique, les phénomènes de la mémoire, des maladies névrotiques, du sommeil, des rêves, des hallucinations de tout genre, renferment beaucoup de merveilleux. Nous les acceptons cependant, sans recourir au préternaturel, et sans songer à les condamner. Pourquoi ne pas agir de même pour les symptômes inférieurs de l'hypnose, qui ont avec eux une si frappante analogie ? Ne nions pas le surnaturel diabolique *a priori* ; mais aussi, ne le mettons pas partout, sous prétexte de merveilleux et d'ignorance. Ce ne serait ni sage, ni opportun, dans l'état actuel de la science et des esprits.

Ces considérations si modérées et si bien justifiées, à notre avis, n'ont sans doute pas paru suffisantes à deux éminents professeurs religieux. Ce sont MM. Claverie, professeur de théologie dogmatique, et Élie Blanc, professeur de philosophie aux Facultés catholiques de Lyon. Ils ont réédité récemment la thèse du R. P. Franco sur le caractère diabolique de l'hypnose. Le premier traite la question

1. De Bonniol, *loc. cit.*, p. 272.

dans son ensemble ; le second ne l'envisage qu'au point de vue de l'éducation.

M. Claverie, rendons-lui toutefois cette justice, se montre plus logique dans ses conclusions que le P. Franco. Croyant à l'intervention diabolique dans toutes les phases de l'hypnose, même dans la détermination du simple sommeil, il en condamne la pratique, sans réserve, à tous les degrés. Son arrêt est-il mieux motivé que celui du R. P. ? Je ne le pense pas, car, pour donner une apparence rationnelle à son argumentation, il est obligé de recourir au plus flagrant paralogisme, de conclure du particulier au général : *Tous* les phénomènes hypnotiques ne peuvent être expliqués par l'action d'une cause purement naturelle ; donc aucun ne saurait l'être : tous au contraire sont suspects d'influence démoniaque. Je cite pour être cru : « Les caractères spéci-» fiques de ce sommeil sont en effet tellement singuliers, » qu'ils ne paraissent pas *tous* pouvoir relever d'un agent » purement naturel ». Et quelques lignes plus bas, et plus clairement encore : « Les forces naturelles n'expliquent pas » *tous* les divers phénomènes de l'hypnose ; il y a donc lieu » de craindre que l'intervention diabolique ne soit pas étran-» gère à la production du sommeil hypnotique. »

L'illogisme saute aux yeux. Pour être logique, la conclusion devrait être : Les caractères spécifiques de ce singulier sommeil « ne paraissent pas relever *tous* d'un agent purement naturel » ; donc quelques-uns en relèvent, ou, tout au moins, peuvent en relever. Mieux encore : les forces naturelles n'expliquent pas tous les divers phénomènes ; donc il y en a qu'elles expliquent, et pour la production desquels l'intervention d'une force préternaturelle ne paraît pas nécessaire, où par conséquent l'influence diabolique n'a aucune part. En effet, de ce que certains phénomènes ne sauraient avoir pour principe une cause naturelle, mais dénotent un agent supranaturel, comme sont les phénomènes supérieurs, ceux de seconde de vue par exemple, il ne s'en suit pas qu'aucun ne dérive de la nature, ne puisse lui être attribué,

1. *Étude sur l'hypnotisme.* — (*L'Université catholique*, 1er août 1889).

et ne soit par là même exempt de toute intervention diabolique. Une seule exception suffirait pour infirmer la conclusion opposée. Or nous avons établi qu'il n'en existe plus d'une réellement incontestable.

La seconde raison de l'auteur n'est pas plus concluante. Il se pose ce doute : « Est-il permis d'hypnotiser quelqu'un, » ou de se laisser hypnotiser soi-même ? » Et il répond : « Non, du moment qu'on n'est pas certain que la cause ef- » ficiente est d'origine naturelle. » La réplique à cette décision, un peu hasardée, surgit d'elle-même : mais le contraire, savoir que cette cause efficiente est d'origine préternaturelle, ou plutôt diabolique, n'est pas certain non plus, tant s'en faut : de quel droit alors prétendrait-on enchaîner ma liberté d'agir ? Une simple présomption ne peut suffire pour imposer une pareille abstention. Du moment qu'une intervention malsaine n'est pas réellement démontrée, la liberté de produire les actes où quelques casuistes méticuleux soupçonnent qu'elle pourrait se glisser, reste pleine et entière. Le droit est formel, l'obligation est douteuse ; elle doit donc s'effacer devant lui : autrement la plupart des phénomènes physiologiques ayant quelque analogie avec ceux de l'hypnose, même les plus naturels, devraient être interdits. Rien de plus légitime, par exemple, que de céder à un sommeil pressant, que d'assouvir une faim dévorante ; cependant, au point de vue où se place M. Claverie, l'un et l'autre acte pourrait être illicite. D'une part, il est possible que l'envie de dormir et le besoin de manger soient provoqués par une influence mauvaise, et d'autre part il n'est pas clairement démontré que ces deux phénomènes aient une cause efficiente d'origine naturelle. Va-t-on, en vertu de la possibilité d'une action diabolique, condamner la détermination de s'abandonner à leur irrésistible attrait ? Le plus simple bon sens se révolterait contre une pareille décision. Pourquoi se le permettre relativement au sommeil hypnotique, dont la production préternaturelle est loin d'être établie ?

L'étude de M. Claverie laisse donc la question au point où elle en était, relativement à la vraie cause efficiente des phénomènes hypnotiques et à leur moralité.

M. Élie Blanc, avons-nous dit, traite cet important sujet
à un point de vue spécial, celui de l'éducation et de la mora-
lisation. Son but est de démontrer l'illicité de ce système
hautement préconisé aujourd'hui par les plus éminents docteurs en hypnotisme. A-t-il atteint ce but ? Je ne le pense
pas. Ses arguments sont des raisons de convenance, et rien
de plus. Les voici tels qu'il les développe dans une étude
qu'il vient de faire paraître[1] : 1° C'est blesser la dignité humaine que d'employer la suggestion hypnotique pour moraliser un sujet, la vertu devant être inspirée par des principes
religieux et moraux, et non par des hallucinations magnétiques : elle n'est véritablement vertu qu'à cette condition ;
2° l'hypnotisme est sujet à de si graves inconvénients, qu'il
ne peut être sage et licite de s'y exposer. — Toute l'étude est
dans ce résumé. Or ces deux arguments portent à faux.

Pour le premier d'abord, concernant l'injure faite à la
nature humaine, ce n'est sûrement pas humilier et surtout
dégrader la dignité humaine que de rendre la raison à un
aliéné, d'inspirer des sentiments de probité à celui qui est
voleur par habitude ou par instinct, l'activité à un pares-
seux, la tempérance à un ivrogne, la chasteté à un libertin,
la pudeur à une pauvre dévoyée. Or ces merveilleux résultats sont précisément ceux que nos spécialistes affirment
produire par la suggestion hypnotique. M. Blanc ne nie pas
ces cures prodigieuses ; il ne les révoque pas même en
doute ; au contraire, il les expose avec une sorte de complaisance pour se donner le droit de les blâmer plus sûrement
ensuite. Serait-ce qu'il découvre quelque immoralité dans
les procédés mis en œuvre ? Nullement : ceux qu'il cite et
décrit ne renferment rien de semblable. Pourquoi alors les
condamner ? A tout prendre, le résultat obtenu serait plutôt
un ennoblissement qu'une dépréciation de l'âme. Sans aucun
doute, les moyens religieux et moraux sont préférables ; mais
cette supériorité, quelque grande qu'elle soit, n'est pas une
raison suffisante pour interdire l'emploi d'autres moyens
s'ils sont efficaces. Il serait au moins permis de les employer

1. *L'hypnotisme et l'éducation.* — Voir aussi : *L'Université catholique,*
15 octobre 1889.

comme auxiliaires. Et si, comme il arrive trop souvent, les premiers étaient stériles, n'y aurait-il pas dans cette impuissance un motif plausible de recourir aux seconds, malgré leur évidente infériorité, en supposant, ce qui semble accordé, que par eux il soit possible d'obtenir l'effet désiré ?

Objectera-t-on ici encore la possibilité d'une intervention diabolique, à laquelle il n'est pas permis de coopérer ? Il serait facile de répondre qu'outre le droit incontestable de ne point prendre en considération, dans la pratique, une simple possibilité, ainsi que nous l'avons observé, l'action diabolique est précisément, dans le cas présent, la question en litige. Ce serait donc un cercle vicieux que de l'apporter en preuve de son existence.

Le second argument, à savoir que l'hypnose peut avoir et a de graves inconvénients, n'est pas mieux fondé. Nous ne nions ni cette possibilité, ni cette réalité, nous les avons au contraire positivement affirmées au commencement de ce chapitre, nous les croyons confirmées par des expériences journalières. Mais il ne faut pas perdre de vue cette autre réalité : ces inconvénients, quelle que soit leur gravité, ne sont pas inhérents à l'hypnotisme. Ils peuvent être écartés ; ils le sont même assez facilement avec des praticiens experts et surtout honnêtes. Sous leur direction, l'abus moral, qui est le plus à craindre, semble disparaître. Nous avons pour garant de ces résultats satisfaisants le témoignage consciencieux de savants honorables dont le témoignage est d'autant plus recevable, qu'ils avouent qu'il existe des expériences malheureuses. Mais, observent-ils avec raison, de même qu'on ne condamne pas la médecine ordinaire ou la chirurgie pour quelques accidents imprévus, on ne doit pas non plus condamner l'hypnotisme appliqué à l'éducation pour quelques effets défectueux ou même préjudiciables. Moins encore devra-t-on reprouver cette application sous prétexte d'une immixtion démoniaque possible mais non démontrée.

V. — Ces conclusions d'ailleurs sont entièrement conformes aux instructions venues de Rome. Cette suprême autorité a été consultée trois fois, principalement sur les phéno-

mènes du magnétisme ou de l'hypnotisme — de l'aveu de
leurs partisans les plus instruits, l'hypnotisation et la suggestion ne sont qu'une évolution du magnétisme, — et elle a
rendu, en 1840, un décret plein de sagesse, qu'elle a renouvelé en 1847 et en 1856, toutes les fois d'ailleurs que de
nouveaux éclaircissements ont été demandés.

A cette question : « Le magnétisme est-il chose licite? » il
a été répondu : « En écartant toute erreur, sortilège, invo-
cation explicite ou implicite du démon, l'usage du magnétisme, c'est-à-dire le simple acte d'employer des moyens
physiques, d'ailleurs permis, n'est pas moralement défendu,
pourvu qu'il ne tende pas à une fin illicite ou qui soit mauvaise en quelque manière. Quant à l'application de principes
et de moyens purement physiques à des choses ou effets
vraiment surnaturels, ce n'est qu'une déception tout à fait
illicite et entachée d'hérésie. »

Cette réponse si claire et si prudente est du Saint-Office,
en date du 2 juin 1840. La part de l'erreur et de la vérité
y est faite avec intelligence et sûreté. Elle ne parut cependant pas suffisante, à cause de son caractère général, qui en
rendait l'application difficile. Une nouvelle consultation longue et motivée fut adressée à la Pénitencerie, par l'évêque
de Lausanne[1]. « L'insuffisance, y disait-il, des réponses faites jusqu'ici touchant le magnétisme animal et l'avantage
fort désirable qu'il y aurait à résoudre plus sûrement et plus
uniformément les cas qui se présentent assez souvent, déci-
dent le soussigné à exposer ce qui suit : — Il passait en revue
les différents phénomènes du magnétisme alors en usage, et
concluait ainsi : « C'est pourquoi l'exposant soussigné sup-
plie..... de décider..... si, supposé la vérité des faits annoncés, un confesseur ou un curé peut permettre à ses pénitents
ou à ses paroissiens : 1° d'exercer le magnétisme animal,
ainsi caractérisé, comme art auxiliaire ou supplémentaire
de la médecine : — 2° de se laisser mettre dans cet état de
somnambulisme magnétique : — 3° de consulter pour son
compte ou celui des autres les personnes magnétisées ; —

[1]. Méric, loc. cit., p. 185.

4° de faire une de ces trois choses avec la précaution préalable de renoncer formellement, dans leur cœur, à tout pacte diabolique, explicite ou implicite, à toute intervention satanique, vu que, nonobstant ces réserves, il en est qui ont obtenu du magnétisme les mêmes effets ou du moins quelques-uns de ces effets. »

Après mûre délibération, la Sacrée Pénitencerie se contenta de répondre, le 15 juin 1841 : « L'usage du magnétisme, tel qu'il est exposé par la consultation, n'est pas chose licite. » La prudence traditionnelle qui caractérise les théologiens de la Pénitencerie, se manifeste tout entière dans ce décret. Les cas exposés sont appréciés et jugés, mais non les autres cas qui se peuvent présenter. Le fond de la question est réservé relativement à la licité ou illicité du phénomène principal ; en d'autres termes, c'était laisser la question au même point qu'en 1840.

C'est alors que Mgr Gousset intervint. Reprenant la consultation en sous-œuvre, il précisa davantage les faits, les exposa de manière à prévenir toute équivoque, et termina en demandant une décision explicite, formelle, sur la moralité intrinsèque du magnétisme. Cette fois, fidèle à sa sage réserve quand il s'agit de questions aussi épineuses, la Pénitencerie refusa de répondre. Et comme Mgr Gousset insistait pour avoir une solution, le 2 septembre 1843, après dix-huit mois d'attente, il reçut du cardinal Castracane, grand pénitencier, cette réponse : « J'ai appris, par Mgr de Brimont, que Votre Grandeur attend de moi une lettre qui lui fasse savoir si la Sainte Inquisition a décidé la question du magnétisme. Je vous prie, Monseigneur, d'observer que la question n'est pas de nature à être décidée de si tôt, si jamais elle l'est, parce qu'on ne court aucun risque à en différer la solution, et qu'une décision prématurée pourrait compromettre l'honneur du Saint-Siège ; — que, tant qu'il a été question du magnétisme et de son application à quelques cas particuliers, le Saint-Siège n'a pas hésité à se prononcer. »

En présence de ces craintes et de ces hésitations de la plus haute autorité dogmatique et morale, on se demande comment de simples théologiens, comme le P. Franco, ne balancent pas à condamner l'hypnotisme comme œuvre diabolique. Il semble que le plus sage et le plus respectueux serait au moins de douter de ses propres lumières, et, tout en réprouvant les abus, d'attendre, pour se prononcer définitivement, que le Saint-Siège se soit prononcé lui-même.

Mais à cette prudence de l'autorité ecclésiastique le magnétisme répond par de nouveaux et plus graves abus : le spiritisme surgit vers 1848, et, sous une nouvelle forme, vient lui procurer une recrudescence inattendue. L'épiscopat s'en émeut et tourne de nouveau ses regards vers Rome. Pour répondre à cette légitime attente, la Sainte Inquisition adresse à tous les évêques une lettre encyclique contre les abus du magnétisme. Elle est datée du mercredi 30 juillet 1856. L'étendue de cet important document ne nous permet pas de le reproduire intégralement ; en voici la substance. Après une très courte allusion aux abus nouveaux, l'encyclique rappelle les réponses précédentes de 1840 et 1847 ; ensuite elle blâme énergiquement les expériences en vogue de magnétisme, de somnambulisme et de spiritisme, faites pour satisfaire la curiosité ; puis elle termine par ces paroles, qui sont une condamnation formelle : « Quel que soit l'art ou l'illusion qui entrent dans tous ces actes, comme on y emploie des moyens physiques pour obtenir des faits qui ne sont pas naturels, il y a fourberie tout à fait condamnable, hérétique, et scandale contre la pureté des mœurs. »

La pratique visée ici, on ne saurait se le dissimuler, est trop souvent celle de nos hypnotiseurs du jour ; leur but est illicite, puisque, dans leurs expériences, ils se proposent généralement de réduire les miracles au rang des phénomènes purement naturels ; et que, d'autre part, ils ont recours à des moyens simplement physiques pour produire des effets préternaturels, comme de connaître l'avenir, de découvrir des choses inconnues et éloignées, de lire la pensée d'autrui : ils sont par là même condamnables et condamnés.

Il ne faut rien exagérer cependant : ce sont uniquement les abus que Rome a condamnés et réprouve encore aujourd'hui. « Le Saint-Office, observe avec raison M. Méric [1], ne réprouve pas l'usage du magnétisme pour l'avancement et le progrès des sciences naturelles, mais il réprouve l'usage du magnétisme en vue d'obtenir des phénomènes et des effets qui n'appartiennent pas à l'ordre naturel. En un mot, il ne réprouve pas la science, il réprouve seulement la superstition, qui en est la pire ennemie. »

Et comme il s'agit du salut des âmes, que la foi et les mœurs ont beaucoup à redouter de ces pratiques, le même document fait appel à la sollicitude des évêques « pour réprimer efficacement un si grand mal, souverainement funeste à la religion et à la société civile. — Il demande qu'autant qu'ils le pourront, avec le secours de la grâce divine, les Ordinaires des lieux emploient tantôt les avertissements de leur paternelle charité, tantôt la sévérité des reproches, tantôt les voies de droit, selon qu'ils le jugeront utile devant le Seigneur, en tenant compte des circonstances de temps, des lieux et des personnes ; qu'ils mettent tous leurs soins à écarter les abus du magnétisme et à les faire cesser ». La preuve évidente que la cessation des abus était le but unique du Saint-Siège, et qu'il ne se proposait pas de condamner le magnétisme en lui-même, c'est que la lettre encyclique de 1856 était intitulée : « Lettre encyclique *contre les abus du magnétisme* ».

C'est donc aux évêques qu'il appartient de juger de l'utilité et de l'opportunité d'une défense. L'utilité ne peut guère être contestée en théorie ; mais l'opportunité n'est pas aussi évidente. Outre que beaucoup n'en tiendraient pas compte, surtout dans les hautes sphères de la science, cette prohibition serait peut-être susceptible de produire un résultat opposé à celui qu'on en attendrait. Un petit nombre s'occupent de ces questions : ne serait-il pas à craindre qu'une condamnation, ou une simple défense, ne donnât de la vogue à ces pratiques peu connues, ou du moins n'y fît penser ceux qui ne s'en occupent point encore, et c'est le grand nombre ? Le peu de succès de la condamnation portée par l'évêque de Madrid, le *tolle* général qu'elle a suscité dans le monde

1. Méric, *loc. cit.*, p 102.

scientifique; les accusations d'ignorance et d'intolérance que la presse a portées contre le vénérable prélat doivent donner à réfléchir à tout évêque qui serait tenté de l'imiter. En somme, je crois qu'il faudrait des abus plus graves et plus multipliés qu'ils ne sont réellement pour justifier une condamnation solennelle.

Nous voici à la fin de cette longue et difficile étude; avant que de finir, je veux, en quelques mots, résumer toute ma pensée sur la réalité des phénomènes hypnotiques et sur l'opportunité d'une prohibition :

Beaucoup de charlatanisme de la part des opérateurs; — beaucoup de supercherie de la part des sujets; — beaucoup de *sectarianisme* de la part de nos médecins hypnotiseurs irréligieux et matérialistes ; — mais, par contre, assez de faits suffisamment prouvés pour affirmer la réalité ainsi que la puissance de l'hypnose, et pour mettre en garde contre ses abus si multipliés. Mais les abus d'une chose ne sont pas toujours une raison suffisante de proscription : on abuse de tout en ce monde, même de ce qu'il y a de meilleur, de plus utile, de plus sacré. A l'heure présente, il nous semble qu'une condamnation ne peut porter que sur des cas particuliers, dont l'autorité reste juge,

TABLE DES MATIÈRES

——

Imp. O. Saint-Aubin et Thevenot, Saint-Dizier. 30, passage Verdeau, Paris.

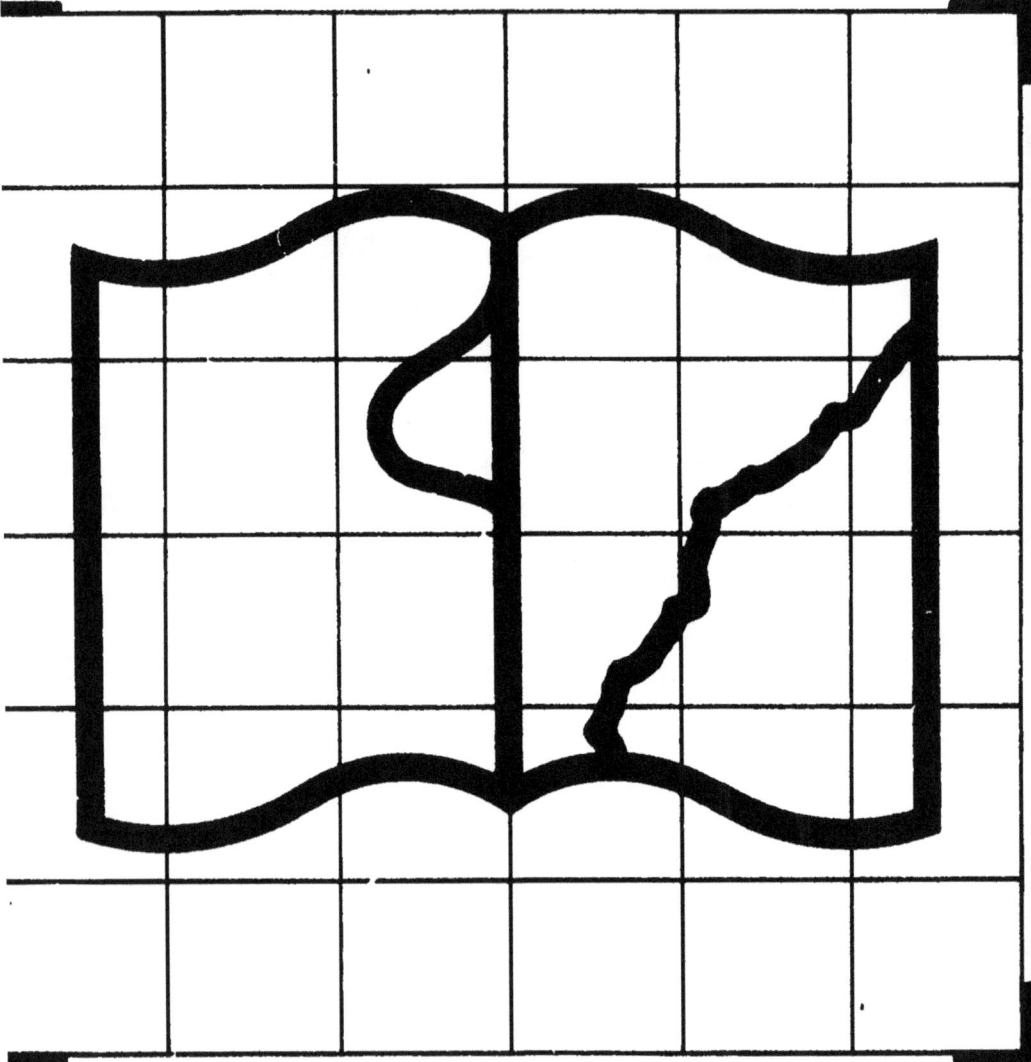

I

www.ingramcontent.com/pod-product-compliance
Lightning Source LLC
Chambersburg PA
CBHW072019080426
42733CB00010B/1762